现代企业人力资源核心竞争力构建研究

杨富云　著

西北工業大學出版社

西　安

【内容简介】 本书分为8章，内容包括人力资源与企业核心竞争力、企业人力资源竞争力构建的基本思路、企业人力资源竞争力评价指标体系、企业员工核心竞争力的开发、构建企业员工竞争力的制度保障、企业人力资本的价值评估与管理、企业人力资源竞争力诊断分析以及当代人力资源竞争力提升的时代要求等。

本书可供人力资源相关专业及职业的人员阅读参考。

图书在版编目（CIP）数据

现代企业人力资源核心竞争力构建研究/杨富云著.— 西安：西北工业大学出版社, 2022.8

ISBN 978-7-5612-8368-4

Ⅰ. ①现… Ⅱ. ①杨… Ⅲ. ①企业管理-人力资源管理-核心竞争力-研究 Ⅳ. ①F272.92

中国版本图书馆CIP数据核字(2022)第163474号

XIANDAI QIYE RENLI ZIYUAN HEXIN JINGZHENGLI GOUJIAN YANJIU

现代企业人力资源核心竞争力构建研究

杨富云 著

责任编辑：杨 军 张 炜

责任校对：黄 佩 装帧设计：王晓慧

出版发行：西北工业大学出版社

通信地址：西安市友谊西路127号 邮编：710072

电 话：(029) 88493844 88491757

网 址：www.nwpup.com

印 刷 者：北京市兴怀印刷厂

开 本：710 mm×1 000 mm 1/16

印 张：14

字 数：228千字

版 次：2023年3月第1版 2023年3月第1次印刷

书 号：ISBN 978-7-5612-8368-4

定 价：79.00元

前　言

21 世纪是知识经济、智力经济的世纪，知识资源、智力资源已经成为经济发展的核心生产要素，而知识经济、智力资源是以人为依托的。企业人力资源管理是管理研究者和企业管理者共同关注的话题，而企业为了能够谋求更好的发展，必须明确自身的竞争优势。理论证明竞争优势的可持续性源泉可以来自于人力资源竞争力，通过不断地提高组织效率，可以有效获得竞争的巨大优势。

在经济全球化快速发展的趋势下，如果企业没有可靠的人才保证，就很难在竞争中获得优势；如果企业想要借助经济全球化的潮流做大做强并实现国际性的突破和发展，就必须要在企业技术创新变革、高层管理、跨国管理和跨文化管理方面，确保有足够的人才支持，并在战略规划上做出精细的安排；在市场竞争中，如果企业要保持其竞争力，就必须要采取一定的措施来提高产品的质量、降低成本，不断地进行创新活动，企业的各个管理层的人员和普通的员工都必须要发挥出更加积极和富有创造性的作用，这就需要对企业的人力资源进行系统的管理和创新，不断提高企业人力资源竞争力。

人力资源是一门广泛吸收多学科知识的学科，具有很强的时间性和应用性，同时也具有其复杂性。面对我国人力资源管理与发展现状，本书理论与实际相结合，学术性与通俗性相统一，系统地对人力资源竞争力进行了阐述和探讨，并重点介绍了企业人力资源竞争力的构建、评价指标体系以及员工核心竞争力的开发，指出如何通过企业的学习力培养孕育企业人力资源竞争力，进而形成企业竞争力，最终获得竞争优势。

本书分为八章。第一章是人力资源与企业核心竞争力，简要介绍了人力资源管理与企业核心竞争力的基础理论知识；第二章是企业人力资源竞争力构建的基本思路，主要阐述了人力资源战略管理的概念、特征、分类、模式、实施、面临的挑战与构建思路；第三章是企业人力资源竞争力评价指标体系，详细阐述了企业人力资源竞争力模型以及评价体系指标的建立；第四章是企业员工核心竞争力的开发，主要介绍了人力资源培训需求分析的含义、过程、评估过程、分析系统、分析步骤以及组织实施，并详细阐述了企业核心人力资源开发的原则、方式和内容；第五章是构建企业员工竞争力的制度保障，主要介绍了员工职业生涯管理、中国企业人力资源使用机制构建以及职业经理人制度建设等内容；第六章是企业人力资本的价值评估与管理，主要阐述了企业人力资本的科学内涵、企业人力资本的价值评估、企业管理中的人力资本管理；第七章是企业人力资源竞争力诊断分析，详细介绍了企业人力资源竞争力诊断的内容、要点、实施方法、诊断方法和诊断分析；第八章是当代人力资源竞争力提升的时代要求，主要从新时代下的人力资源跨文化管理、人力资源管理模式、风险管理能力和人力资源的展望进行了补充。

本书在撰写过程中，参阅了相关文献、资料，在此对其作者表示最诚挚的感谢！由于人力资源管理这一学科涉及面广，实践性、综合性都很强，书中的内容难免存在疏漏，敬请读者批评指正！

杨富云

2022 年 5 月

目　录

第一章　人力资源与企业核心竞争力……1

第一节　人力资源与人力资源管理……1

第二节　企业核心竞争力的特征及重要性……13

第三节　人力资源管理战略价值与企业核心竞争力……20

第二章　企业人力资源竞争力构建的基本思路……24

第一节　企业成长的人力资源战略概述……24

第二节　企业人力资源战略管理的模式与实施……35

第三节　人力资源竞争战略基本思路……45

第三章　企业人力资源竞争力评价指标体系……52

第一节　企业人力资源竞争力模型……52

第二节　评价体系二、三级指标的建立……54

第四章　企业员工核心竞争力的开发……70

第一节　人力资源培训的需求分析与组织实施……70

第二节　核心人力资源的开发……95

第五章　构建企业员工竞争力的制度保障……110

第一节　员工职业生涯管理……110

第二节　中国企业人力资源使用机制构建……114

第三节　国有企业经营者使用方式改革……124

第四节　职业经理人制度建设……132

第六章　企业人力资本的价值评估与管理……138

第一节　企业人力资本概述……138

第二节　企业价值中的人力资本价值……147

第三节　企业人力资本的价值评估方法……159

第四节　企业管理中的人力资本管理……162
第七章　企业人力资源竞争力诊断分析……166
第一节　人力资源竞争力诊断概述……166
第二节　人力资源竞争力诊断分析……173
第八章　当代人力资源竞争力提升的时代要求……187
第一节　强化人力资源跨文化管理的战略地位……187
第二节　创新企业人力资源管理模式……195
第三节　提升人力资源风险管理能力……205
第四节　变革中的人力资源管理……212
参考文献……216

第一章　人力资源与企业核心竞争力

第一节　人力资源与人力资源管理

一、人力资源

（一）人力资源的概念

在经济学上，资源是为了创造物质财富而投入到生产活动中的一切要素。一般来讲，资源可以分为自然资源、资本资源、信息资源和人力资源。人力资源指能够推动整个经济和社会发展的劳动者的能力，即处在劳动年龄的已直接投入建设或尚未投入建设的人口的能力。它是生产活动中最活跃的因素，也是一切资源中最重要的资源，由于该资源特殊的重要性，它被称为“第一资源”。

（二）人力资源的构成

在数量方面，人力资源是由以下八部分人口构成（见图 1-1）。

（1）适龄就业人口：指处于劳动年龄之内、正在从事社会劳动的人口，这也是构成人力资源数量的主要部分。

（2）未成年就业人口：指尚未达到劳动年龄、但已经从事社会劳动的人口（法律禁止的需要除外）。

（3）老年就业人口：指已经超过劳动年龄、仍然继续从事社会劳动的人口。

（4）求业人口：指处于劳动年龄之内的、具有劳动能力并希望参加社会劳动的人口。

（5）就学人口：指处于劳动年龄之内的、继续教育的人口。

（6）家务劳动人口：指处于劳动年龄之内的、正在从事家务劳动的人口。

（7）军队服役人口：指处于劳动年龄之内的、正在军队服役的人口。

（8）处于劳动年龄之内的其他人口。

其中（1）~（3）部分的人口，构成社会就业的人口，即现实的人力资源；其他为潜在的人力资源。

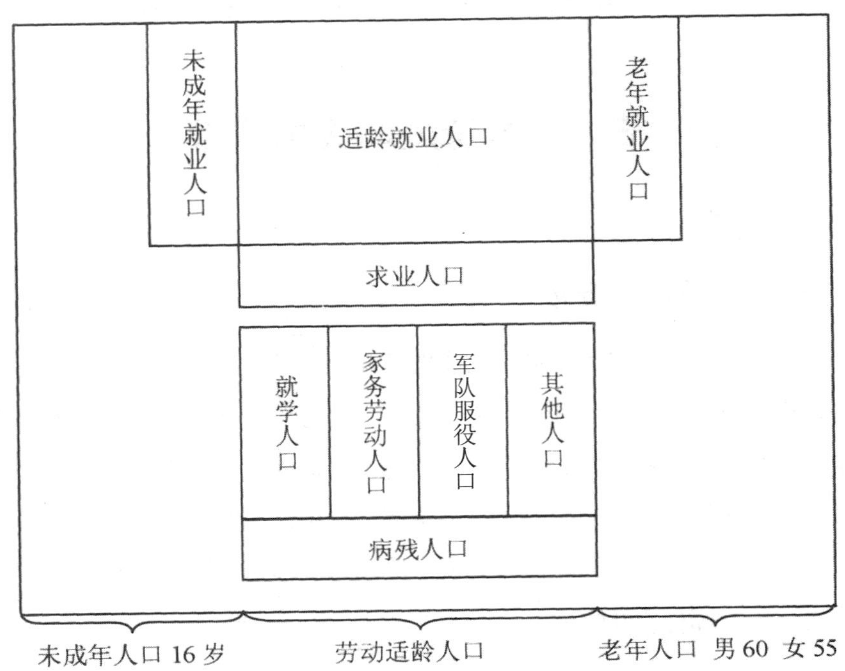

图 1-1 人力资源数量构成图

（三）人力资源的特征

人力资源是经济资源的一个特殊的种类，既有质、量、时、空的属性，同时也具备自然的生理属性。研究人力资源的特点，对于把握它的数量、质量，对于研究它的形成、开发、配置、使用的意义是非常重大的。

1. 人力资源具有主观能动性

人不同于自然界的其他动物的根本标志之一是具有主观能动性，能够积极主动、有目的、有意识地认识世界和改造世界。在对客观世界进行改造的过程中，人能通过意识对所采取的行为、手段及结果进行分析、判断和预测。由于人具有社会意识和在社会生产过程中所处的主体地位，使人力资源具有了能动作用。人力资源的能动性主要有 3 方面的表现：①自我强化。人可以通过接受教育或主动学习，使自己的素质(如知识、技能、意志、体魄等)得到提高。②选择职业。在劳动力市场上具择业的自主权力，即每个人均可按照自己的爱好与特长自由地选择职业。③积极劳动。人在劳动过程中，会产生敬业、爱业精神，能够积极主动地利用自己的知识和能力、思想与思维、意识与品格，有效地利用自然资源、资本资源和信息资源为社会和经济的发展创造性地工作。

人力资源还是唯一能起到创造作用的因素。由于人具有创造性思维的潜能，这种潜能可在两个方面发挥作用：①人在社会和经济发展过程中往往能创造性地提出一些全新的方法，加速社会的进步和经济的发展；②环境的变化和要求，人是能适应的，也能担负起应变、进取、创新发展的任务，从而使组织更加充满活力。

2．人力资源具有时效性

人力资源是存在于人的生命之中，它是一种具有生命的资源，它的形成、开发和利用都要受到时间方面的限制。从个体角度来看，作为动物有机体的人，是有着自己生命周期的，如幼儿期、青壮年期、老年期，不同阶段的劳动能力是不相同的，因而这种资源在各个时期的可利用程度也不相同。从社会角度看，人才的培养和使用也有培训期、适用期、最佳使用期和淘汰期的过程，这是由于随着时间的推移，社会不断向前发展，科学技术也不断的进步，这使得人的知识和技能相对老化而产生的结果。因此，人力资源开发必须尊重其内在的规律，使人力资源的形成、开发、配置和使用处于一种动态平衡之中。

3．人力资源具有两重性

人力资源既是投资的结果，同时又能创造财富，它是生产者也是消费者。人力资源的两重性，要求我们既要重视对人口数量的控制，对人力资源质量的开发和人才的培养要更加的重视。充分地利用和开发现有的人力资源，是降低人力资源成本，获取人力资源收益的基本途径。

4．人力资源具有可再生性

与物质资源一样，在使用过程中人力资源也会出现无形或有形的磨损。人自身的疲劳和衰老就是有形磨损，这一损耗是不可避免的、无法抗拒的。无形磨损是指个人的知识和技能与科学技术发展相比的相对老化，我们可以通过一定的方式与方法减少这种损耗。物质资源在形成产品、投入使用并磨损以后，一般予以折旧，不存在继续开发问题。在使用人力资源的过程中，有一个可持续开发，丰富再生的独特过程，使用过程也是开发过程。人在工作以后，可以通过不断地学习使自己的知识得以更新，提高自己的技能；而且人通过工作，可以积累经验，充实提高。所以，人力资源能够实现自我补偿，自我更新，自我丰富，持续开发。这就要求人力资源的开发与管理要注重终生教育，对后期的培训与开发需要加强，对道德水平的教育要不断提高。

5. 人力资源具有社会性

由于每一个民族（团体）都有其自身的文化特征，每一种文化都是一个民族（团体）的共同的价值取向，但是这种文化特征是通过人这个载体而表现出来的，由于每个人受自身民族文化和社会环境影响各不相同，其个人的价值观也就存在着差异，他们在生产经营活动、人与人交往等的社会性活动中，其行为可能与民族（团体）文化所倡导的行为准则发生矛盾，也可能与他人的行为准则发生矛盾，这就要求人力资源管理注重团队的建设，注重人与人、人与群体、人与社会的关系及利益的协调与整合，倡导团队精神和民族精神。

二、人力资源管理

（一）人力资源管理的概念

人力资源管理是管理学中的一个崭新和重要的领域。人力资源管理可以分为宏观和微观两个方面。宏观人力资源管理即是对全社会人力资源的管理，微观人力资源管理则同企业的生产、营销、财务管理等一样，同为组织的一项必不可少的基本管理职能。基于这一认识，微观人力资源管理的定义即是指组织充分有效地运用计划、组织、激励、控制等现代管理措施和手段，对人力资源的取得、开发、保持和运用等方面进行管理和协调的一系列活动，以实现组织效益最大化等既定目标。

在企业的经营活动中，人、财、物和信息共同构成了决定企业兴衰的四大要素，企业管理的内容也正是这 4 种要素。而企业管理的主体就是人力资源管理，失去了人的能动作用，财、物、信息都不能发挥应有的作用。随着知识经济时代的到来，人的积极性和创造性日益成为提高组织效率的关键环节，人力资源的地位越来越重要，对其管理也越来越复杂，所要求的管理技能也越来越高。人力资源作为企业最重要的资产和一种最富有活力与创造力的资本，其功能与作用更加明显。可以肯定的是，在未来的企业管理中，人力资源管理将会扮演更加重要的角色。

（二）人力资源管理的发展阶段

关于人力资源管理的发展阶段国内外具有代表性的观点具有多种，综合前人的研究经验，现将人力资源管理发展分为以下 5 个阶段。

1．人事管理初始和科学管理阶段

早期的人力资源管理被称为人事管理。人事管理的发展与 18 世纪后半叶工业革命的到来是相伴随的。18 世纪末，蒸汽机的发明与推广引发了工业革命，改变了以前家族制和手工行会制的生产方式，产生了大量实行新工厂制度的企业。当时的所有问题都归结为：吸引农业劳动力放弃原有的生产和生活方式到工厂来，然后将工业生产所需要的基本技能传授给他们，并且使他们适应工业文明的行为规则，以最大限度地发挥劳动分工和生产协作所带来的巨大生产率潜力。人事管理初期把人视为物质人、经济人，以金钱为一切衡量标准，每个工人都在一定的岗位上进行简单的、重复的机械劳动。人事管理在这一时期表现为雇佣管理，主要功能用于招录和雇佣工人，其管理以“事”为中心、以“目的”为指导，忽视人在金钱和物质之外的其他需求。人事管理初期已初步有了管理者与生产者的区分。因为雇佣劳动，出现了一些不做工的“监工”，他们的主要任务是指派、强迫和监督工人劳动。随着资本主义从自由竞争发展到垄断阶段，科学管理之父弗雷德里克·温斯洛·泰罗和德国社会学家马克斯·韦伯都提出了一系列比较科学与合理的管理方法和管理手段。科学管理首次科学而合理地对劳动效果进行计算，还根据标准方法对工人实行了在职培训，并根据工人的特点分配工作。科学管理时期出现了劳动人事管理部门，它除负责招工外，还负责协调和调配人力。科学管理已经全面注意处理劳动的低效率问题，并开始了对工时、动作规范、专业化分工的管理。泰罗提出了对管理有重大贡献的 3 项原则：科学而非经验、合作而非个人主义和最大化产出而非限制性产出。

2．工业心理学阶段

与科学管理所倡导的管理思路不同，工业心理学所倡导的管理思路是：通过心理学基本原则的运用来提高工人有效完成工作的能力。科学管理主要集中在对工作和效率的研究上；工业心理学所关注的则是工人本身以及个体之间的差异，实现工人福利的最大化是其所关心的主题。

工业心理学阶段的人事管理承认了人是社会人，人除了物质、金钱的需要外，还有社交、心理、精神等各方面的需要。在这一时期，已开始萌发对人性的尊重、对人的心理需求的尊重。在管理形式上，承认非正式组织的存在，承认在官方或法定的组织之外，另有权威人物的存在。这种非正式组织的权威，同样能影响和左右人们的行为和意愿。在管理方法上，承认领导是一门艺术，有方法的区别，重视工会和民间团体的利益，提倡以人为核心改善管理方法。这是人事管理思想最活跃且有质的飞跃的时期。

3．人际关系管理阶段

人际关系运动起源于 1924-1933 年在位于芝加哥郊外的西方电气公司的霍桑工厂中所进行的一系列研究。埃尔顿·梅奥的霍桑试验证明了工业组织越是庞大，就越要依赖技术上的先进，而且要依赖这个团体每一个成员自发地在人和人的关系上进行合作。梅奥赞扬了人的自主性，认为物质条件的改善并不一定导致生产率的提高，工人的满意程度才是提高生产率的关键。彼得·德鲁克曾认为，人事工作部分是文员工作，部分是操作性的工作，部分是起着“灭火器”作用的工作。这一时期的人事管理进入比较严格、规范、系统的时代，反对四大歧视，即性别歧视、年龄歧视、种族歧视、信仰歧视。由于就业机会均等，大量的人才获得了就业的机会。伴随着美国《民权法案》第 7 章的诞生，许多相关的政令、法律、规定逐步出台，美国的人力资源法律渐趋完善，同时也影响了欧洲和其他国家，妇女人力资源和少数民族人力资源得到较大程度的开发，劳动力的结构发生了很大变化。许多企业不仅设立专职的人事部门，而且人事部门下设若干个分支部门，分别管理薪酬、考核、劳资矛盾、福利、培训等。

4．人力资源管理阶段

哈佛商学院教授迈克尔·比尔指出，传统的人事管理定义狭窄，人事管理活动是针对各种特定问题和需要，而非针对一个统一、明确的目标作出的反应，造成了人事管理职能之间以及人事管理职能与其他管理职能之间相互割裂、互不相关的局面。1992 年约翰·斯托瑞通过对人力资源管理内在特征的分析，找出了人力资源管理与人事管理的不同点，并将这些不同点分为信念与假设、战略方面、直线管理和关键手段等 4 种类型。

现代人力资源管理基本上涉及企业员工关系管理最为重要的几个方面，即人力资源战略与规划、工作分析、雇员的招募与甄选录用、工作绩效评价、培训与人力资源开发、薪资福利与激励计划、劳资关系与雇员安全、健康计划等。然而，人力资源管理取代人事管理，并不仅仅是名称上的改变和内容的进一步丰富，它更是一种管理观念上的根本性变革。现代人力资源管理与传统人事管理的最大区别就在于：过去的人事管理是以工作为中心的，即让人去适应工作；而现代人力资源管理则是以人为中心的，它力图根据人的特点和特长来组织工作，从而使人力资源的能量得到最大限度地发挥。

5．战略性人力资源管理阶段

进入 20 世纪 90 年代以后，企业经营环境变化日益频繁。从外部环境来看，技术创新加剧，国际竞争白热化，顾客需求多样化；从内部环境来看，员工素质日益提高，自我发展意识逐渐增强。企业开始从关注企业绩效的环境决定因素转为强调企业的内部资源、战略与企业绩效的关系。

在战略人力资源管理的研究中，学者们对“战略”有着不同的认识。例如，舒勒和杰克逊针对迈克尔·波特的 3 种一般竞争战略，提出了与之相联系的人力资源管理战略，强调每一种不同的竞争战略需要不同的人力资源管理政策组合。德利瑞和多蒂认为企业战略人力资源管理可以分为内部型、外部型和混合型，企业应该根据不同的战略选择不同的人力资源管理类型。

战略性人力资源管理的基本理念是把人力资源管理视为一项战略职能，以“整合”与“适应”为特征，探索人力资源管理与企业组织层次行为结果的关系。战略性人力资源管理强调：首先，人力资源管理应被完全整合进企业的战略中；其次，人力资源管理政策在不同的政策领域与管理层次间应具有一致性；最后，人力资源管理实践应作为企业日常工作的一部分，被经理与员工所接受、调整和运用。战略性人力资源管理正成为人力资源管理发展的一个新的阶段。

（三）人力资源管理的模式

1. “抽屉式”管理

“抽屉式”管理是用通俗形象的表达方式来表现管理的方式，形容在管理人员的办公室的抽屉内，对职务工作都有一个明确的规范，管理人员在进行工作时，职、责、权、利相互结合，相互统一，不能有职无权，也不能有权无责。“抽屉式”在现代管理中也可以被“职务分析”。其步骤可以有以下 5 步：①建立一个职务分析小组，这个分析小组由企业各个部门来组成。②对企业内部的集权与分权关系进行正确的处理。③通过分析企业的总体目标，对这个目标进行层层分解，对各个级别的员工职责权限进行落实。④对各个职务工作做出明确的要求和准则，编写出“职务说明”。⑤对各个工作进行考核且要制订奖惩制度。

2. “一分钟”管理

这种模式在西方企业中被采用，其成效显著。主要内容有以下 3 项：

（1）一分钟目标。就是企业职工将自己的主要目标和职责在纸上进行明确记录。每个目标及其检验标准在一份钟内可以表达清楚。这样可以使职工明确自己的工作原因、目标和方式，且便于职工进行自我检查。

（2）一分钟赞美。也就是所谓的人力资源激励。在具体执行时，企业经理通过对职工所做的事情中的正确部分进行赞美，从而达到激励职工更加努力工作的目的，使职工的行为不断完善。

（3）一分钟惩罚。指在做某件事情时应该做好但实际却没做好时，对有关的职员要进行及时的批评，对其指出相关错误，然后提醒他，这是器重他，只是对他此时的工作不满，由此，可以使做错的职员乐于接受批评，吸取经验，避免再犯相同的错误。

（四）人力资源管理的特征

1. 人力资源管理目标的战略性

在信息技术和知识经济时代，人力资源的价值得到了广泛的认可，人力资源的稀缺性、独特性使得企业无法在市场上随意获取，人力资源难以模仿的特性和组织化特征使其成为企业最宝贵的财富，成为企业重要的核心能力要素。因此，人力资源管理对企业战略目标的实现具有重要的意义。人力资源管理开始进入企业决策层，制定与企业经营战略相一致的规划和策略，以服务于企业战略。

2. 人力资源管理职能的广泛性

伴随企业人力资源管理地位的上升，人力资源管理的范围也越来越大，职能也越来越广泛。除了例行的招聘、薪酬、考评等职能外，机构设置、职位设计、领导者的选拔任用、员工培训与发展、员工激励、员工咨询服务、团队建设与企业文化建设等都是人力资源管理的职能。

3. 人力资源管理理念的先进性

企业认识到，人力资源是企业一切资源中最宝贵的资源，经过开发的人力资源可以升值增值，能给企业带来巨大的利润。因此，尊重人、关心人、依靠人、凝聚人、造就人和培养人，最大限度地满足人的潜在需求，发挥人的潜能，就成为企业人力资源管理的立足点。

4. 人力资源管理主体的多层次性

人力资源管理从表面上来看，是人力资源管理部门的事情。实际上，从企业高层、中层到低层管理者都负有人力资源管理的责任。因为人力资源的培训、工作指导、日常行为管理和思想教育等都不是由人力资源部门独立完成的，需要各级管理者携手配合才能完成。不仅如此，员工还负有自我管理的责任，要对自己和企业负责。人力资源管理实际上就是由高层管理者指导，由人力资源管理部门牵头，全体员工参与的、旨在推动人力资源管理不断创新、更好地实现企业战略目标的集体行动。

5．人力资源管理方式的人性化

人力资源管理以人为本，尊重人性，为员工的工作提供指导和培训，通过工作设计与工作轮换，为员工提供更多发挥个人才能的机会；对员工的安全与健康负责，进行劳动保护的教育，提供健身的场所和设施，为员工购买各种保险；为员工的生活提供后勤保障，提供宿舍、餐饮等方面的便利，给困难的员工以特别的关照；为员工提供上下级及同级之间沟通的渠道，允许员工以任何合理的方式提意见等。

6．人力资源管理手段的信息化

人力资源信息系统的引入，为人力资源管理节省了大量的人力，由计算机自动生成结果，能及时准确地提供决策依据，实现了信息的大量存储，为以后的工作提供参考。人力资源信息系统使企业内外的沟通更加迅速、充分，并实现了无纸化操作。

7．人力资源管理结果的高回报性

从管理深度而言，传统的人事管理注重管理好现有的人才，而现代人力资源管理更注重开发人的潜能，不仅重视对人专业知识、技能的开发，更注重对人意志品质的培养。

（五）人力资源管理的目标

辉瑞制药的人力资源副总裁布鲁斯说过，在今天的组织中人力资源管理已成为一个关键的职能。它能将组织的重心放在做正确的事上时，只有这样组织的效益才能有真正的提高。不能梦想在没有全面了解组织业务的情况下人力资源职能会发挥作用，每一种业务中都包含着人力资源的问题。几乎所有成功的管理者都非常重视人力资源管理制度。不以规矩，不成方圆，一个机构如果没有相应而完善的人力资源管理制度，就等同于一个没有组织的机构。因此，人力资源管理职能在组织中的作用至关重要，并有助于实现组织的目标。

1．激发人的潜在价值，提高人力资源利用效率

人力资源管理能够充分调动组织成员的积极性和创造性，最大限度地发挥他们的潜能。调查研究表明，如果对员工实行按时计酬，那他们只能发挥其能力的20%～30%，但在充分调动其积极性的情况下，他们的潜能可以发挥到 80%～90%，甚至超常发挥。

管理者可以运用科学方法解决组织内部的人事问题，为组织招聘训练有素和积极肯干的员工，同时培训和发展员工的技能。人力资源管理部门能否为组织提供训练有素和积极肯干的员工，是一种衡量人力资源管理有效性的方法。还可以保证组织内部人力资源利用率的提高，取得最大的使用价值。人力资源管理应使员工的使用价值达到最大，员工的有效技能最大限度地发挥。

2．提升组织成员的工作幸福感和满意程度

一直以来，人们强调的是组织的需求。但是与电脑和现金余额等资产不同的是，员工是人，有感情，有思想。要使员工保持生产能力，就必须让他们感到工作适合他们的能力，更重要的是使他们感到被公平地对待。对许多员工来说，工作是收入的主要来源。我们大多数人在一生当中醒着的绝大部分时间都是在工作和上下班。

满意的员工不会自动地产生更高的生产能力。尽管满意和不满意的员工在工作量上可能一样，如每小时处理同样数量的保险申诉，然而，不满意的员工比满意的员工更倾向于辞职、旷工，并且工作质量较低。

3．帮助组织成员建立符合主流社会价值认同的道德伦理观念

人力资源经理在承认每个员工的重要性和符合伦理地对待每个员工方面起着重要的示范作用。也就是说，人力资源管理领域的任何活动应该是尊重和保护所有员工的基本权利。这些符合社会伦理道德的原则和行为应该应用到人力资源管理领域的所有活动中，如招聘、绩效和薪酬等方面，同时人力资源管理部门也应

该承担起组织伦理建设的任务。有些组织甚至设立了首席伦理官或首席道德官，专门负责组织及其员工的伦理教育。

4．促进组织成员的全面自由发展

不管是家庭、集体，或者是集团、企业，甚至是国家、社会，他们的发展进步最终都是为了实现人的全面发展。就像马克思说的，我们最终要实现的是一个人人全面发展的社会。人力资源管理也是如此，最终是为了实现员工自由而全面的发展。

（六）人力资源管理的意义

人是人类社会政治、经济、文化等诸多方面最为重要的因素。因此，在人类所拥有的一切资源中，最宝贵的是人力资源。实践证明，重视并加强人力资源管理，对于促进社会和组织发展，提高劳动生产率，获取最大的社会和经济效益的意义是非常重大的。

1．有利于充分发挥员工的积极性、创造性

人既是经济人同时还是社会人。因此，任何组织的员工既受组织自身的影响又受到社会的影响。有调查发现：按时计酬的员工每天只要发挥自己 20%～30% 的能力，就足以保住个人的饭碗。组织通过重视和加强人力资源管理，为劳动者创造并提供适宜的工作环境和工作制度，妥善处理物质奖励、行为激励和思想教育工作之间的关系，可以将员工的潜力充分地挖掘出来，将员工的积极性、主动性和创造性最大限度地发挥出来。

2．有利于促进组织和社会的发展

企业组织通过人力资源管理，可以使各生产要素之间不论在质的方面，还是量的方面，不断地得以协调，达到资源的最佳配置，不仅可以使正常的生产经营秩序得以保持，保证人力资源管理活动的各环节互相协调，相互衔接，保证人力资源管理活动与企业的战略方向和目标一致；而且由此保证了组织和社会发展目标的实现。

3. 有利于管理者及被管理者的共同发展

通过对人力资源进行管理,使组织的每一员工能够对自身有一个正确的认识,更加尊重别人,创造更加和谐的关系,同时通过人力资源培训教育与开发,使员工的理论知识和各种技能不断提高,使员工对组织和社会的适应能力不断增强。

第二节 企业核心竞争力的特征及重要性

20 世纪 90 年代以来,特别是近年来,随着经济全球化进程的逐步加快,国际、国内企业间的竞争日趋激烈,因此,企业竞争力尤其是企业核心竞争力问题已成为企业界、学术界和政府关注的焦点。研究企业核心竞争力具有十分重要的理论和现实意义。

一、核心竞争力理论的兴起

企业核心竞争力理论的出现首先源于现代企业理论的局限性。企业作为一种行政性协调机制,或是一种契约组织,强调的都是交易过程中的各种“规制”,无一例外地忽略了作为社会经济组织的企业所具有的独特“生产”特性。依据这一理论作指导,企业决策机制、供应机制、销售机制等的区分都不再考虑生产成本,而仅仅关注交易成本,背离了现实。而且现代企业理论无法有效解释现实企业实践活动中的一些重要现象。例如,企业利用外部资源从事过度负债经营的活动。现代企业理论认为,企业负债经营问题可以简单地归结为企业边界的确定,即企业负债的多少取决于市场交易的边际成本,等于企业内部行政协调的边际成本的均衡点。然而,如果企业在某一时期急需利用企业外部某种资源的特殊功能,虽然内部协调的边际成本大于市场交易成本,也必须引入。现代企业理论只能使企业处于被动和停滞状态。此外,只从边界均衡理论出发而不加选择地利用外部资源容易造成把企业内部重要的知识信息传递给要素投入加盟者,最终使企业处于被动局面。

企业核心竞争力理论的兴起同时源于主流企业战略理论的缺陷。在管理科学的发展历程中,18 世纪中后期到 19 世纪末强调经验管理,20 世纪初至 40 年代信奉科学管理，20 世纪 40 年代末至 60 年代末风行行为科学，60 年代末到 70 年代崇尚战略管理。到 20 世纪 80 年代初，迈克尔・波特的竞争战略理论成为战略管理理论的主流。这一理论的核心是“五性分析模型”（Porter's Five Forces Model）。波特的竞争战略理论实际上是将以结构－行为－绩效（SCP）为主要内容的产业组织理论引入企业战略管理领域中，有关产业结构、产业内优劣对比、进入壁垒、退出壁垒、壁垒后的相互勾结等概念和相关理论为解释企业如何制定战略获取持续超额利润提供了较为可靠的经济学分析。然而波特的理论仍存在致命的缺陷：①波特的五性分析模型不能突破把企业视为“黑箱”的局限。按照这一理论，企业自身的力量是既定的，企业的战略选择取决于当前企业与外部力量对比位势，未来企业内部的成长和自身力量的变化，并不是现代企业制定战略所考虑的问题。②波特实际上是以产业作为研究对象。波特以企业作为最小的分析单元，研究的侧重点却是产业的特征、产业的发展趋势、产业内外相关企业的相互关系和力量对比，并没有很好地站在企业成长的角度分析企业竞争战略的制定与实施，在指导实践中乏力。

鉴于上述分析，许多企业理论和企业战略管理研究人员提出必须重新认识和分析企业，努力寻求一种全新的理论，以期更好地说明：企业是什么？企业竞争优势的源泉是什么？企业如何保持持续的竞争优势？在这一过程中，把落脚点归于企业所拥有的特殊能力，从企业内在成长的角度分析企业并对上述问题给出回答的企业核心竞争力理论应运而生，成为 90 年代企业理论和战略管理领域的一支奇葩。

从 1990 年普拉哈拉德和哈默在《哈佛商业评论》上发表的《公司核心竞争力》，到 1994 年哈默发表的《企业能力基础竞争论》等等，都是核心竞争力理论的典型研究成果，也标志着核心竞争力理论研究达到高潮。

二、企业核心竞争力的内涵

现实的经营战略、组织结构、技术水平优势只不过是企业发挥智力资本潜能的产物，企业的长期竞争优势是单个企业拥有的比竞争对手能够更加卓有成效地从事生产经营活动和解决各种难题的能力。企业单是依靠某一项或某几项职能战略，最多只能获得短暂的一时的优势，唯有追求核心竞争力才是使企业永久立于不败之地的根本战略。因此，具有活的动态性质的核心竞争力是企业追求的长期战略目标。

核心竞争力是一个比较难于理解、较为抽象的概念。目前国内普遍认同的是由美国著名战略学家普拉哈拉德和哈默提出的定义。普拉哈拉德和哈默将核心竞争力解释为“一组先进技术和谐组合”。当然这里提到的技术不是一般意义上的科学技术，它既包括科学技术，又包括管理、组织以及营销等方面的技能；也不是一两项单项技术，而是以一定方式结合在一起的技术群体。比如产品开发能力、制造技能、成本控制能力、营销技能和售后服务的强弱，决定着企业开发新产品、服务市场、挖掘新的市场机会的潜力，体现着竞争优势。

要理解核心竞争力，关键是理解竞争力与能力的区别和核心与“非核心”的区别。竞争力与能力代表了两种不同但相互补充的公司战略的新范式，前者强调价值链上特定技术和生产方面的专有知识，后者涵义更为广泛，涵盖了整个价值链。对企业而言，能力是企业某项业务运营的前提，是生存发展的基础；而竞争力则是企业在竞争舞台上脱颖而出、获得竞争优势的关键。但竞争力的形成又依赖于企业所拥有的诸多能力。例如，索尼公司的核心竞争力之一微型化的形成，就是诸多能力整合的结果。其主要包括：①市场界面能力。对特定顾客微型化需要的认识和理解。②基础设施能力。通过培训等措施确保技术专家、工程师和市场营销等部门员工对这种需要有共同的认识理解。③包括微处理器、微型电源、供电管理和包装制造等多种技术能力。

核心竞争力概念提出的最重要意义是使竞争力这种无形资产的范围经济得以实现。范围经济属生产经济学的范畴，是指由一个厂商生产多种产品而对生产要素的共同使用所产生的成本节约。对于一个企业而言，范围经济是指组合多种相关产品的生产比把这些产品彼此独立地分开生产更为经济，在生产上可使更多产品生产运用同一设备，营销上使更多的产品行销运用同一渠道。在多样化的产品设计和生产中，由于可共享企业的某些固定投入（资源），从而可获得范围经济。从成本函数上看，即

$$C(q) < C(q_1) + C(q_2) + \cdots + C(q_n)$$

式中，$q = q_1 + q_2 + \cdots + q_n$（而规模经济则意味着 $C(q)/q$ 递减）。传统的范围经济思想主要强调通过有形资源的共享而获得范围经济。事实上，随着技术知识这类无形资源在企业创新生产经营中的作用日益显著，对技术知识和原理等无形资源的共享日益成为范围经济的重要来源。作为特殊的无形资源，竞争力前所冠以核心二字的限定，实际上意味着竞争能力的可扩展性，也即其范围经济的实现程度。事实上，判断核心竞争力标准之一就是看此竞争力是否可以提供进入多个市场的潜在途径，是否可以降低公司多个产品的成本等。

于此，我们可以这样定义核心竞争力，即由企业所拥有的独特资源或资源的独特组织方式构成，能直接为企业带来持续的竞争优势或为企业一系列竞争力提供基础性支持作用的竞争力。

核心竞争力给人的直观印象是高科技，事实上绝不能简单地将核心竞争力归结为高科技，高科技可能是核心竞争力中最核心的部分，但绝对不是全部。企业是以赢利为目的的组织，如果没有市场营销与市场预测等其它能力的有效支持，高科技的发展可能具有很大的盲目性，也不可能被有效地推向市场，转化为现实的市场竞争优势。1994 年国际互联网络崛起之初，微软公司没有准确地预测网络技术及其产品的巨大前景，仍然埋头于 Windows95 及 WINT 的研究开发工作。后来当微软发现越来越多的人成为互联网用户，网络技术开始成为领导行业潮流的新趋向时，网景公司已在网络浏览市场占据了 80%的份额，微软也处于被淘汰的边缘。好在微软及时觉醒，凭借其雄厚的技术力量和财力，奋起直追，但已丧失先机，勉强与网景打个平手。核心竞争力既可能以某种先进技术的形式表现出来，如英特尔公司的计算机微处理器技术、佳能公司的影像技术等，也可能以其它形式表现出来，如麦当劳公司快捷服务体系，美孚公司遍布全球的销售服务机制等。但无论形式如何，核心竞争力都是多种先进技术和能力的协调集合。例如，微型化是索尼公司的核心竞争力，它不仅包括产品设计和生产上的微型化，还包括对未来市场需求微型化选择模式的引导，等等。为了形成这一核心竞争力，公司的技术人员、工程师以及营销人员必须对未来顾客需求的微型化发展方向和自身技术能力的微型化延展方向形成共识，以便于协调各方面的活动。

三、企业核心竞争力的特征

（一）用户价值

核心竞争力必须特别有助于实现用户看重的产品和服务的价值，而且只有用户才是企业核心竞争力所创造价值的最终裁判者。企业提高价值活动包括价值保障、价值提升和价值创新 3 个方面。

价值保障是一种有效过程，它要求在不断降低成本的同时，保证产品价值和顾客可接受的价值不受影响，其本质是：第一次就把事情做好比返工重修更节省，如许多企业提出的零缺陷设计就是很好的例子。因此，对于目标是使其价值保障能力最大化的企业来说，零缺陷政策是极为重要的。这种态度不仅适用于企业的产品，也适用于企业哲学，以及所有具体的工作和管理方法。价值或质量保障是企业管理方式创新的前沿阵地，其原因部分在于它有助于企业改善有效性（产品更可靠）和成本效率（废品更少，返工率更低意味着单位成本更低）。

价值提升是一个过程，是对现有产品或者服务进行不断地分析，以提高其档次和可接受价值。企业需要有规律地监督消费者可察觉价值的每个组成，控制可能发生的变化。不断地改进价值核心能力的活动和过程，使产品更加接近消费者的需求价值，达到价值提升的目标。

价值创新是一种核心能力，衡量企业创新能力的重要指标之一是看在过去 5 年的产品销售总额中，有多少是由于企业内部创新的成份。有的企业主要是依靠对现有产品进行经常性的改进，有的企业能够不断地开发出全新的产品。后者才是真正意义上的创新企业，因为后者更具备了在较长时期内获得平均水平利润、与众不同的质量、难以被竞争对手模仿的能力。值得注意的是：大规模的创新活动与高风险之间存在着非常密切的关系，一般情况下，新产品的失败率是较高的。

（二）核心竞争能力的占用性

占用性是指个人对企业内部某些战略资产产生的，不能归企业所有的利润的占有程度。显然对资产的占用性越低，企业持续获得利润的能力就越高。如果一种资源深深地扎根于企业之中，它就很难被其他人占用，在商界，由于一个优秀的管理人员转而投向竞争对手，企业就会很容易蒙受损失，但是，如果企业的利润主要来自企业内部众多管理人员、普通员工的日常工作和他们组成团队的优异表现，那么利润就很难被某些人据为己有，任何个人损失都不可能对企业利润造成很大的影响。当一个企业在一定时期内表现卓越，其核心能力甚至可以超过个人或者团队，因此，对战略资产的占有程度越低，企业保有的利润就越高。

（三）核心竞争力的耐久性

耐久性主要是指其作为利润源泉的持久程度，而不是指其物理耐久性。与十年前相比，产品和技术的生命周期已经大大缩短了，大部分资产的耐久性大大降低了，但企业更多的、无形的卓越特点却并未因此而受到影响。企业的核心竞争能力能够长期生存并经历多代产品。只要企业的核心竞争能力存在，企业的创新、多产和高质量等最基本的特点就没有明显下降，它的商誉就不会随岁月的流逝而受到侵蚀。著名品牌是相当耐久的，尽管产品不断地出现或者消失，而家喻户晓的品牌，如家乐氏、雀巢和杜邦等的良好商誉在社会公众的眼里却长期保持不变。但是，只要有不良经营记录，任何一个企业的耐久性就会受到严重影响。很明显，企业的核心竞争力的耐久性越强，利润的可持续性就越高。

（四）核心竞争力的独特性

与竞争对手相比，企业的核心竞争力具有独特性。如果企业的专长很容易被对手模仿或对手通过努力很容易实现，那么企业就很难拥有持久的竞争优势，也就不能称为核心竞争力了，企业核心竞争力的独特性是建立在企业系统学习的基础之上的，因此只有依靠自己的不断持久地学习，进而自行创新和市场竞争中反复磨练，才能逐步建立和强化独特而持久的核心竞争力。

（五）核心竞争力的延展性

企业核心竞争力的延展性是指企业能够从该项能力衍生出一系列的新产品或服务。核心竞争力具有从“核心能力－核心技术－核心产品－最终产品”的延展过程，即企业的核心竞争力能够形成某项或几项核心技术，而这项技术或几项技术相互交叉进而形成一个或多个核心产品，再由核心产品衍生出某个或多个最终产品，如同“技能源”一样，将“能量”源源不断地扩散到产品和服务中去，不断为消费者提供创新产品。

（六）核心竞争力的可变性

核心竞争力的可变性是指价值的可变性。核心竞争力本来是通过学习积累得到的，一旦企业在某项核心能力上取得领先地位时，竞争对手很难在短时间内赶上来。但核心竞争力也有从产生、成长、壮大到衰亡的生命周期。当外部环境发生剧变或管理不善时，企业的核心竞争力会贬值甚至流失，特别是最终产品、核心产品、核心技术会随市场竞争加剧、科学技术发展等外部因素的变化而逐渐失去竞争优势，甚至被淘汰。这样原来的核心竞争力就会变成基本的一般能力，甚至完全失去了竞争能力，因此，企业必须不停顿地学习和培育，维护自己的核心竞争力。

（七）核心竞争力的相互关联性

核心竞争力是许多不同的人或不同的环节相互作用产生的，而且很可能和不同个人的心理、情绪等密切相关，因此很难被竞争对手模仿，它不是“资产”，不会出现在企业的资产负债表上，也有别于品牌、专利等无形资产，但它是企业目前成功的要素，更是未来维持竞争优势的保证。

核心竞争力的上述特点表明核心竞争力所体现的资产、资源或能力大多是无形的、唯一的，是很难被他人轻易占有、废除、转移、模仿的。

四、企业核心竞争力的重要性

当前企业经营发展的环境变得越来越复杂。因此企业想要得到长期发展，就必须提高自身的竞争力，也就体现了构建企业核心竞争力的重要性。

（一）制定战略计划以及进行方案决策的依据

企业的核心竞争力直接决定了企业未来的发展空间。任何企业不论是进行战略计划的制定，还是方案的决策，都需要根据实际环境情况，结合企业当时的核心竞争力。也就是说企业发展目标的确定要适当，要与企业的核心竞争力相符，若目标设置过低，就不能实现企业资源的合理配置与利用，无法实现企业原本实力的发挥，从而阻碍企业的全面发展；若目标设置过高，会在一定程度上降低了企业的核心竞争力，同样造成企业困扰，阻碍企业的发展。因此，企业在制定战略计划以及进行方案决策时，一定要以企业的核心竞争力为依据。

（二）提升企业综合竞争力的关键

企业的核心竞争力是企业在长期经营管理活动中，渐渐沉淀形成的企业竞争能力的重中之重，同时也是企业在激烈的市场竞争中能够获得有利占位的关键。它能够促进企业的全面发展，提升企业的竞争力，增加企业的净利润。企业的核心竞争力实际上实现了企业整体资源的有效整合，也是企业创新发展的重要源泉，从而使企业具有较强的生命力和综合竞争力。

（三）提高企业经济效益的保障

众所周知，企业经营管理的重要目标之一就是实现经济效益最大化，也就是在企业目前的资源成本之下，最大程度地获得经济利润。企业的核心竞争力就是在有效利用创新型技术的基础上，将企业资源进行合理地配置，进一步降低企业经营成本，提高效率，占据市场的有利位置，实现企业的进一步发展，从而提高企业经济效益。因此，企业的核心竞争力是提高经济效益的保障。

第三节　人力资源管理战略价值与企业核心竞争力

一、人力资源管理对企业核心竞争力构建的重要作用

（一）人力资源管理提高企业的环境变化适应能力

因为公司所存在的环境变得日趋复杂和动荡，为监控环境而开发选择性机制的

需要变得更加重要。高水平的人力资本资源通过将适应环境复杂性的监控分散化而增加了组织的监控能力。监控不再仅由中心部门所执行，更多的信息将更多地来源于接近真正利益相关者团体的员工。尽管高层经理负责公司战略方向的设定，许多下属单位开始开发必要的战略和战术，以有效地对他们特定的环境起作用。

（二）人力资源管理能够提高管理决策的执行能力

战略一旦被设计出来，它们需要迅速而有效地得到执行。这种挑战要求来自于员工队伍的灵活性和适应性。反应必须由整个员工队伍来证明，可能要求快速地学习和应用新技术，采用新技术，或重新组织工作方式。很显然，高水平的人力资本能提供高度的灵活性，以使组织适应新的技术或新的环境。因此，认识能力对组织绩效的影响主要通过获得工作知识来产生。具有高认识能力的个人能比认识能力低的人更能够学习工作相关的知识。以技术和产品持续变化为特征的环境，要求个人通过持续地获得知识以适应新技术。因此，拥有高水平人力资本资源集合的公司将比拥有低能力员工队伍的竞争对手有优势。

（三）人力资源管理是企业创新的动力保障

人力资源在很大程度上影响着企业核心竞争力的培育。企业技术创新的主体是人，企业员工的能力、水平会对企业的技术创新能力产生很大影响。企业的组织管理、生产经营、以及对市场的反应能力等都与企业员工的能力和水平有重要关系。从企业发展战略的制定到具体规划和措施的操作、执行都是由企业员工完成的。因此，企业人力资源状况对企业核心竞争力的培育有重要的影响，科学、合理的人力资源管理会对企业核心竞争力的培育起促进作用。

二、基于企业人力资源管理的核心竞争力构建

（一）加强企业人力资源规划

人力资源规划，又称人力资源计划，是一套确保企业在适当的时间里和在适当的岗位上获得适当的人员（包括数量、质量、种类和层次等），并促使企业和个人获得长期效益的措施。人力资源规划是薪酬管理、绩效考核及培训开发等其他

各项人力资源管理工作的依据，是企业人力资源管理工作的起点和重要的内容。在制定人力资源规划的过程中，要根据企业的实际情况，采用科学的预测方法和手段，对企业人力资源的需求和供给进行预测，确定人员的供求状况，保证企业人力资源的供给。通过人力资源规划，使企业人力资源供给满足企业发展的需求，人力资源与企业未来发展各个阶段的需求相适应，使企业在实现自身发展目标的同时，也满足员工发展的利益。

（二）建立合理的薪酬体系

薪酬是企业以不同形式支付给员工的报酬。企业员工的薪酬组成部分一般包括直接薪酬和间接薪酬，直接薪酬包括基本报酬、可变报酬，间接薪酬包括福利，如医疗保险、退休金等。合理的薪酬体系可以有效地激励企业员工，调动员工积极性，促进企业发展。薪酬体系的建立首先体现在职位价值，定薪时结合考虑员工的能力素质状况，激励则体现在员工的绩效评估结果与薪酬调整、奖金发放的关联。在设计薪酬时要对员工所在岗位的工作内容、工作性质，员工的技能及人力资源供求状况、企业的生产经营状况、国家相关法律法规等多种影响因素综合加以考虑。总之，在设计薪酬时要结合企业自身的实际状况，采取灵活多样的形式，起到激励作用，提高员工的积极性，进而促进企业的发展。

（三）建立科学的绩效考核体系

绩效考核又称绩效考评，是对员工的工作行为与工作结果全面地、系统地、科学地进行考察分析、评估与传递的过程。绩效考核是企业人力资源管理的重要组成部分，是对各项业务效果的评价。从理论上讲，绩效考核的有效实施能够整合并激活人才资源管理的各项职能活动，形成强大的内驱力和拉动力，通过不断地改善员工个人的绩效，最终实现企业整体绩效的提升。因此，科学的绩效考核体系不仅能够对企业员工的工作进行考核评价，也有助于其他人力资源管理工作的进行，有利于提高企业的整体经营管理水平和绩效。在绩效考核中，应当制定客观、明确的考核标准，合理设置定量指标与定性指标，建立完善的绩效评价系统。首先应当根据工作分析的内容，充分考虑企业自身状况、结合各岗位的职责确定简洁明确的考核指标，并确定考核内容。在绩效考核工作中还应当注重信息的反馈，及时、有效地将考评结果反馈给员工，并加强员工与主管之间的沟通。通过绩效考核，促进员工的自我管理，充分调动其积极性，激发创造力，使员工的发展与企业发展保持一致，提高员工绩效。

（四）提高员工培训的有效性

培训与开发是指组织通过学习、训导的手段提高员工的工作能力、知识水平和潜能发挥，最大限度地使员工的个人素质与工作需求相匹配，进而促进员工现在和将来的工作绩效提高。培训可以采用不同的方法，比如讲授法、案例讨论法等;培训的对象也可以分为不同的类别，比如针对管理层的培训、针对操作层的培训等。在培训中，应当根据实际情况，针对不同的员工，采取合适的培训方法和形式，并注意培训内容、方法与形式的协调一致；另外，还要注意其效果，因此培训评估也是重要的环节，在培训后要及时进行评估，考察员工对培训内容的掌程度等，以发现培训中存在的问题，进一步提高培训的水平。通过培训和开发，可以提高企业员工的知识水平和工作技能以及管理能力，更好地促进企业的发展。

第二章　企业人力资源竞争力构建的基本思路

企业战略大部分是通过人力资源战略管理来推进和实现的。人力资源战略直接与企业未来的竞争力密切相关。在不断变化的国际竞争环境中，要使企业战略得以有效实施并充分保持其竞争优势，主要取决于企业人力资源战略的成功管理。

第一节　企业成长的人力资源战略概述

一、企业人力资源战略管理的概念

人力资源战略管理产生于20世纪80年代，它是随着人力资源管理的发展产生的。著名的人力资源研究学者沃尔科将人力资源规划与战略规划联系起来，极具前瞻性的将战略规划与人力资源规划相互结合起来，这是人力资源战略管理思想最早的雏形，而沃尔科的思想也被认为是战略性人力资源管理思想的萌芽。美国学者戴瓦纳在《人力资源管理：一个战略观》一书中正式提出了人力资源战略的概念，这标志着这人力资源战略思想的正式形成。

在人力资源战略管理思想产生后，各国的专家和学者开始对人力资源进行宏观研究，而不再仅仅局限于微观方面，同时研究内容也由人力资源职能扩展到人力资源行政管理和事务管理等方面。人力资源管理研究方向和研究内容的转变，使人力资源管理在实践应用中变得更加富有战略和指导性，从企业长远发展来看具有更长久的价值和意义。

企业战略与人力资源管理是相互依存的关系，二者相互促进，共同为实现企业的经营目标服务。目前，很多国家的学者都在研究人力资源战略管理，其中也不乏一些独具建树的研究者，但是对人力资源战略的定义目前还没有一个公认的、权威的阐释。总结起来，目前大多研究者从人力资源战略的本质特征、地位作用、途径方式等方面来对其进行界定，有些人认为人力资源战略管理是一组程序和活动，也有些人认为是一个计划或方案，还有些人认为是一种决策或政策。

综合对各方学者认识的研究，我们认为人力资源战略管理是指根据企业的长远目标，制定和实施吸引人才、培养人才、使用人才和留住人才的各项活动的总和。

人力资源战略是企业经营发展战略的重要组成部分，它不仅对企业的人力资源管理活动具有重要的指导作用，同时为企业的长远发展提供可靠的保障。人力资源是企业运作和发展的智力基础，人力资源战略是企业战略不可或缺的有机组成部分，其本质及核心是为了实现企业经营发展战略目标而对企业人力资源进行的各种规划和实践。

从企业决策的层面来看，人力资源战略的管理职能属于企业高层的战略决策，其规划与实践活动更多的是为企业整体发展服务，而非具体的执行性事务。随着企业对人力资源战略性管理的认识越来越深刻，企业人力资源管理者的角色由过去的执行者、协助者转变为企业战略决策的制定者。人力资源管理部门在企业中逐渐受到的重视越来越多，人力资源管理部门经理成为组织高层领导中的一名重要成员。

二、人力资源战略管理的特征和分类

（一）人力资源战略管理的特征

战略性人力资源管理具有传统人力资源管理所不具备的视角和高度，它可以比传统的人力资源管理更深入、更长远的对企业的人力资源进行规划和管理，是一种新型的人力资源管理模式。人力资源战略管理以宏观的角度，立足企业全体员工，深入思考组织内的人力资源部署问题，其具有下述特征。

1. 为企业赢得持久竞争优势

优秀的员工和管理人员虽然一直都被当作企业发展的重要推动力，然而，在传统的人力资源管理战略管理中一直没有被企业提高到其应有的战略位置，而是作为作业性和辅助性活动出现在企业战略规划当中。随着科技的不断发展和知识经济的到来，生产力越来越依赖于人的创造性，人力成为企业获取竞争优势的关键性资源。随着机器的发展，企业的生产活动对机器的依赖越来越高，但是这种不具备创造性的死板的生产并不能为企业带来持续发展的动力和竞争力。因此，企业的高层管理者在制定企业战略时，必须要对企业的人力资源进行合理的配置和激励，从战略的高度来研究人力资源的开发、培养和使用，为企业创新提供足够的人力支持，才能保证企业在未来的发展中具有足够的竞争力。

2．目标的一致性

目标的一致性是指个人目标与组织目标的一致性，作为组织在进行任何决策的时候，都要遵循目标流程和执行人两个决策要素，以保证决策的科学性以及合理性。组织目标的实现依赖于组织中个人的努力，而个人价值的实现体现在组织目标的实现上，二者这种相互统一的关系，使组织目标和个人目标能够实现完美地结合，为组织整体目标的实现打下坚实的基础。

3．人力资源实践活动应与企业战略动态匹配和整合

人力资源管理与企业战略的管理和实施都是动态的过程，为了实现这种动态的匹配和整合，组织对人的管理不能只局限于人力资源管理部门，而应该从组织整体需求出发，跨部门、多角度地去思考。作为企业的管理者，企业的发展是其工作的核心，每一位管理者都有义务指导、培训、约束和激励下属员工，提升下属员工的人力资本价值，改善公司的人力资源状况，为企业的发展提供坚实的保障。

4．各项人力资源政策、职能活动之间的动态匹配性

在传统的人力资源管理由于缺乏对企业发展战略的研究，往往会把员工管理的几种职能活动不科学的分开，进行孤立式的管理，而这种管理因为缺乏管理基础和周围环境的支持通常不会起到很好的作用。战略性人力资源管理则要求人力资源管理的各部分有机地结合起来，进行系统化的管理，以创造出一种协同效果，可以大大加强管理效果。

（二）人力资源战略管理的分类

人力资源战略管理活动在实际实施过程中会因为不同的环境和和实施条件表现出不同的形式。在对人力资源战略管理的研究中，各国的学者根据不同的标准对其进行了不同的分类，对于这个问题我们可以参考康奈尔大学和学者史戴斯和顿菲的研究。

1．康奈尔大学的分类

根据美国康奈尔大学的研究，人力资源战略可分为诱引战略、投资战略和参与战略 3 种。

（1）引诱战略。引诱性战略的核心是利用经济利益去稳固自己的人力资源基础，通常表现为通过丰厚的薪酬去诱引和培养人才，从而形成一支自定的高素质的员工队伍。在引诱战略中企业通过利润分享计划、奖励政策、绩效奖酬、附加福利等手段来稳定自己的人员班底，并且这种物质性的奖励效果明显。企业实施引诱战略时，由于需要支付提高的薪酬以及增长的福利支出，人工成本会有所增加，因此，在这个过程中，企业必须要准确把握住员工质量与数量的关系，用技能高度专业化的员工来弥补人员数量差距所带来的不足，并通过合理的人力资源开发创造出更高的利润。

（2）投资战略。投资战略与引诱战略的操作方向相反，投资型人力资源管理战略并不会控制员工人数，而是通过聘用数量较多的员工，形成储备多种专业技能人才的备用人才库，以提高企业在人力资源操作上的灵活性。投资战略的核心是员工的开发和培训，并注重培育企业与员工和谐的劳动关系，提高员工的忠诚度。在投资型人力资源管理战略当中，管理人员担负了较重的责任，他们不仅要确保员工得到所需的资源，还要为其发展提供足够的支持。采取投资战略的企业目的是与员工建立长期的工作关系，因此企业十分重视员工的工作感受，并愿意为其提供足够广阔的个人提高平台和空间，充分挖掘员工的个人潜能。

（3）参与战略。参与战略谋求最大限度发挥员工的自主性和创造性，企业会给予员工较大的决策参与机会和权力。在参与战略类型的人力资源管理中员工在工作中拥有充分的自主权,管理人员更像教练一样为员工提供必要的咨询和帮助。采取这种战略的企业很注重团队建设、自我管理和授权管理。企业在对员工的培训上更注重员工沟通技巧、解决问题的思维以及团队配合等素质的培养。

2. 史戴斯和顿菲的分类

根据史戴斯和顿菲的研究，人力资源战略根据企业变革的程度不同可以分为家长式战略、发展式战略、任务式战略和转型式战略等 4 种。

（1）家长式战略。家长式战略注重对企业的控制,追求稳定的企业发展环境,主要运用于避免变革、寻求稳定的企业。家长式的人力资源战略主要有以下特点:

1）集中控制人事的管理；

2）人力资源管理程序与先例保持一致；

3）进行组织和方法研究；

4）硬性的内部任免制度；

5）强调操作和督导；

6）人力资源管理的基础是奖惩和协议。

（2）发展式战略。当发展环境随着社会和企业的发展产生变化时，企业也必须以发展的眼光看待问题，采取发展式人力资源战略，其主要有以下特点:

1）注重发展个人和团队；

2）内部招聘较多；

3）制订大规模的发展和培训计划；

4）注重内在激励；

5）服从企业总体发展战略；

6）强调企业整体文化；

7）重视绩效管理。

（3）任务式战略。任务式的人力资源管理战略适用于局部变革的企业，这种战略的制定是采取自上而下的指令方式。这种战略的实施要求企业在战略推行上有较大的自主权，但要对本单位的效益负责。采取任务式战略的企业必须具备完善有效的管理制度，其主要有以下特点：

1）非常注重业绩和绩效管理；

2）强调人力资源规划、工作再设计和工作日常检查；

3）注重物质奖励；

4）内外并重，培养招牌人才；

5）正规的工作技能培训；

6）有正规程序处理劳动关系问题；

7）非常强调战略事业单位的组织文化。

（4）转型式战略。当社会和经济环境发生突发性变化时，渐进式的变革并不能使企业做出及时有效的调整，在这种情况下企业不可能让全体员工参与到变革的决策中，因为彻底的变革有可能触及相当部分员工的利益，这时企业只能采取强制性的变革措施。在企业的一系列的变革中（企业战略、组织机构和人事关系），需要企业建立起新的组织结构、领导模式以及企业文化。与这种彻底变革相符合的人力资源管理的战略模式是转型式，其主要有以下特点：

1）适用于根本性变革；

2）裁员、缩减开支；

3）引进外部管理人才；

4）培养员工新理念；

5）打破传统习惯，摒弃旧的组织文化。

三、企业人力资源战略管理面临的新挑战

人力资源管理的一个基本的假设是：不同的人事管理决策导致不同的结果。其原因是经理人员的人事决策不仅影响经理人员本身的成败，也影响着员工的行为、绩效和满意程度，从而影响员工对客户的态度，影响他们的公平感，最终影响到整个组织的绩效。而管理人员的人力资源管理决策所依赖的客观环境和主观条件都在不断变化，这对今后人力资源管理理论和实践的发展都构成重要的约束。在制定人力资源管理决策时，必须考虑到组织的特征、工作的特性，以及组织的

内外部环境。其中，外部环境包括经济、政治、社会文化、法律等多方面因素，而有关人力资源管理决策的组织层面的因素则包括组织的规模、行业、地理位置以及研究开发在组织中所处的地位等。与人力资源管理有关的组织特征包括组织的财务状况、组织所应用的技术、经营战略和组织结构的设计。所有这些因素对组织中工作的特性以及人力资源管理都具有重要的影响。

（一）组织的发展战略与人力资源管理

一个组织的战略要为组织设定长期目标，研究诸如进入什么行业；以及如何与对手开展竞争等问题。组织的战略把决策与方向结合在一起以实现特定的目标。组织在各个层次上都会涉及战略问题。最基本的战略问题是整个组织层次的问题，如决定组织应该进入什么行业。同时，企业中的每个经营单位(如利润中心)都要涉及部门层次的战略问题。这一层次的战略决策重点考虑如何在特定的市场上开展竞争。一个公司有财务部门、市场部门、人力资源管理部门等职能部门。这些具体部门的战略的基本目标是更好地服务于整个组织和所在部门目标的达成。在这一层次上，战略应该转化为可以操作的目标。以人力资源管理部门的战略为例，其包括以下 3 项主要任务：①确保组织的人力资源与公司的经营战略相互配合；②建立人力资源的目标与计划；③与各个部门的经理人员合作，确保人力资源计划的贯彻执行。

美国学者特别强调所谓的战略人力资源管理。战略人力资源管理的基本假定是适应组织条件的人力资源管理决策对组织绩效具有积极的影响。换言之，人力资源的战略决策有助于经理人员制定人事决策，从而促进组织的成功。具体而言，组织的外部条件、组织本身的条件和员工的特征相互配合，在此基础上制定出关键的人力资源管理决策，从而促进组织绩效。组织绩效表现在实现组织战略目标、改善组织财务状况、增加企业股票的市场价值和改进员工的表现等。

（二）财务状况、技术与人力资源管理决策环境

从企业的财务状况来看，如果企业没有足够的收益，就无法向员工支付报酬、无法进行培训项目，也无法资助下岗员工寻找新的工作。在组织的人力资源管理

活动中，尤其是雇用多少员工、支付多高的报酬以及是否对其进行培训等活动占支出的很大比例。因此，企业在制定这些决策时必须考虑自身的财务状况。在法制比较健全的情况下，人力资源管理甚至还要涉及企业在什么财务状况下才可以暂时解雇员工。当然，利润分享计划允许员工报酬随着公司财务状况的变化而变化，因此具有一定的弹性。

企业的技术是指组织在提供产品和服务的过程中所使用的程序和工艺。技术的进步把人们从危险、繁重和枯燥的体力劳动中解放出来。特别是技术的进步使采用这些新技术的小企业有能力与大规模的发展缓慢的企业进行竞争。由于新技术而出现的新的工作岗位确实比现有工作岗位要求更高的技能水平，因此各个企业都需要使自己的员工在技能上具有足够的灵活性以适应这种不断变化的技术发展。员工在工作设计中参与决策有助于提高员工对不断变化的技术要求的适应性。一般地，技术可以分为大规模生产技术和灵活分工技术。大规模生产采用专用技术生产标准化的产品，因此只需要一般技术的员工。在灵活分工的情况下，工作任务比较复杂，对员工的技术水平要求比较高。任务通常分配给工作小组而不是员工个人，员工以工作小组的形式组织起来。即使生产相同的产品，也可以采用不同的技术水平。运用灵活分工的技术可以减少员工工作种类的划分，增加企业对环境变化的适应性。

（三）人力资源决策与组织结构的相互配合

一般而言，人力资源决策应该与组织的结构相互适应。组织的结构是组织条件的一个重要方面，对人力资源管理决策具有重要的影响。在传统的金字塔式组织结构中，强调的是命令与控制。在这种情况下，员工的任务被清晰地描述出来，因此组织对员工的期望是明确的；员工的晋升路线是清晰的垂直晋升，晋升意味着责任的增大、地位的提高和更高的报酬；人力资源管理的全部信息都集中在组织的最高管理层。相比之下，在扁平式组织结构中，强调对员工的授权，并把被授权的员工组织成工作小组；组织鼓励员工扩大自己的工作内容，提高员工的通用性和灵活性；培训系统和报酬系统都支持水平的晋升。在网络化组织中，多个公司根据各自员工的专长组成各种工作小组，完成特定的任务；这种工作小组通常包括各个方面的专家；在网络化组织中，一般更加强调员工的参与管理，重新构造组织的边界。从趋势上看，人力资源管理将更加强调员工个人与工作小组在员工前程和就业安全中的责任，工作小组的绩效将成为关注的核心。

随着组织结构的变化，经理人员的作用也在发生变化。在金字塔式的组织结构中，经理人员的主要作用是指挥员工、最大化员工的努力、实施和贯彻上级推动的变革、简洁明了地沟通信息。在扁平化组织中，经理人员的作用是促使员工积极参与、在各个工作小组之间进行协调、为工作小组向上级争取各种资源、同工作小组成员进行互动式沟通。在网络化组织中，经理人员的作用是发展合作伙伴、帮助多元化工作小组积极合作以实现公司全局的目标、促进持续的技术创新以不断满足客户的需要、判断不断完善工作方式的需要。

（四）员工对工作生活质量的要求

工作生活质量一般有两种含义：①指一系列客观的组织条件及其实践，包括工作的多样化、工作的民主性和工人参与管理的程度，以及工作的安全性。②指员工工作后产生的安全感、满意程度以及自身的成就感和发展感。第一种含义比较强调描述工作的客观状态，第二种含义比较强调描述员工的主观需要。如果把这两种含义结合在一起，工作生活质量就是指员工喜欢他们所在的组织，同时组织也具备能够满足员工自我成就需要的工作方式。换言之，工作生活质量是指在工作中，员工所产生的心理和生理健康的感觉。美国的一项调查表明，在辞职的打字员中，有60%是由于工作枯燥无聊，而不是工作任务繁重。

影响工作生活质量的因素有很多。美国工作研究所在20世纪80年代进行的研究显示，衡量员工工作生活质量的因素包括：劳动报酬（77%的工人认为最重要）、雇员福利（主要指医疗保健和退休保险问题等）、工作的安全性、灵活的工作时间、工作的紧张程度、参与有关决策的程度、工作的民主性、利润分享、公司改善雇员福利的计划和一周4天工作制等。在美国，劳资谈判对决定工作生活质量的内容具有重要的作用。第一次工作生活质量协议是1973年在美国汽车工人联合会与通用汽车公司之间通过谈判达成的。目前，在美国至少有20%以上的劳资协议包括了提高工作生活质量的计划。企业管理部门接受工作生活质量要求的目的是减少员工的抱怨和争吵，促进员工的积极性，提高产品质量和降低缺勤率，从而获得效益。

美国通用汽车公司的工作生活质量计划很有代表意义。为了消除员工阶层与管理阶层合作的障碍，他们采取了一系列措施。其中在着装要求上，普通员工和管理人员都着工作便装，不系领带。在停车问题上，通用汽车公司关闭了管理人员的车库，不实行管理人员的保留车位制度，普通员工与管理人员使用相同的停车场。在饮食服务设施上，也没有普通员工和管理人员的区别，使用同一个餐厅，不设单间。此外，休息室也没有普通员工和管理人员的区别。通用汽车公司在质量检验环节也做了很大的改进。他们认识到高质量的产品不是检验出来的，而是由各个生产环节的员工生产出来的。因此，他们改变了原来那种检验最终产品的做法，而是将产品质量的检验落实到每一道工序和每一位员工。具体做法是使用一张品质检验单伴随生产的全过程。在产品生产的每一个环节，员工都要在上面填写本道工序的要求是否已经正确地完成，还有哪些问题需要下道工序在加工时注意。这种质检方法提高了员工的参与程度，增强了员工的责任心，使员工能够更直接地感受到自己工作的成果和意义。

为了提高员工的工作生活质量，企业可以采取一系列的措施。工作生活质量的核心是员工参与管理。员工参与管理本身意味着组织中权力的再分配，因此它要求经理人员把下属看做成熟的个人。它对于原来的主管人员的工作既是一种补充，也是一种挑战。日本式的企业管理是以高度的参与和认同为基础的管理。日本的工人在企业中感到自己受到尊重，被企业关心，同时他们也忠心耿耿地为企业的最大利益而努力工作。从美国的实践看，工人参与企业管理的形式主要有以下5种：

（1）建立质量控制小组以及解决各种问题的小组。工作小组的形式有很多，每个小组一般由本部门的4～10名雇员组成，主要解决浪费、设备损坏和维护、工作设施和配合等问题。

（2）劳资双方合作。组成劳资委员会，以使劳资双方求大同存小异，防止矛盾发生或升级。在美国，劳资合作是提高员工工作生活质量的制度基础。

（3）参与工作设计和新工厂设计。参与式工作设计对那些工作任务具有高度的独立性，同时雇员具有强烈的个人成长发展要求的小组特别有效。这些小组对工作的计划、操作和质量控制负责。

（4）实现收益分享和利润分享。这种参与方式在工人的行为对决定经济效益的因素(工时、材料损耗等)具有很大影响的情况下非常有效。收益分享计划的含义是指建立以时问一动作研究为基础的生产标准，对于生产率提高获得的收益部分由公司和雇员共同分享。

（5）实行企业的雇员所有制。这种参与方式通常是在企业处于危险的情况下才实施的。雇员通过购买公司股票而部分地或全部地获得业主权比较适合于规模比较小的企业。现有的实践结果表明，通过工作奖励制度来提高生产率和通过工作内容的改革来增加工人的责任心和自觉性是最有效的参与形式。

（五）人力资源管理观念的演变

人力资源管理观念是指一个人对人的行为的基本假定以及据此采取的人事管理行动。这些假定包括：他们值得信任吗?他们喜欢工作吗?他们有创造力吗?他们的言行为什么会不一致?应该怎样对待他们?等等。人力资源管理的观念直接影响到各项人事管理决策。一个企业的人力资源管理观念取决于以下 3 种因素。

1．企业高层管理当局的哲学观

美国拍立得公司的首席行政官埃德温·兰德的管理哲学是：“让公司所有的员工都有竭尽才智的机会，能表达其意见，能在其能力许可之下共享公司的繁荣，能赚足够的钱，使他不至于把赚更多的钱这件事一直放在心头。总而言之，让他们的工作得到充分的报酬，而且使工作成为他们生活中重要的组成部分。”韩国三星集团的李健熙会长的管理哲学是“三星不是我的公司，是我们的公司。”正是在这种积极健康的管理哲学的驱使下，这些公司才能制定和实行了既有利于员工成长也有利于公司发展的人力资源管理决策。

2．关于人性的基本假定

在管理思想史上，已经提出了多种关于人性的假定。麦格雷戈提出了X理论和Y理论。X理论的基本假定是：人们普遍不喜欢工作，尽可能逃避；由于人的本性不喜欢工作，所以必须用强迫、控制、指挥和惩罚等手段才能使人付出努力；一般而言，人宁可接受指挥，而不愿承担责任。Y理论的基本假定是：一般而言，人的本质不是不喜欢工作；要使人们努力工作来完成组织的目标，高压控制与威胁惩罚并不是唯一的手段；成就感、自尊和自我实现等较高层次的需要可以激发人们的积极性；在适当的条件下，大多数人不仅会承担责任，而且会更进一步主动承担责任；多数人都能发挥出相当水平的想象力、聪明才智和创造力，来解决组织中的各种问题。

3．激励员工的需要

经理人是通过别人来实现组织目标的，因此，只有设法激励员工努力工作，才能成为有效的管理者。激励机制包含两种要素：①发现他需要什么，然后用这个事物作为员工完成工作的报酬；②确定他的能力是否可能完成这项工作。换言之，欲望和能力是实现激励功能的两种要素。激励模式对企业的人力资源管理政策的制定有很大的指导意义。在激励员工的过程中，最重要的问题是：员工的工作积极性是否很高？如果不是很高，那么可以有以下3种选择：①提高员工的能力，方法是进行工作分析、选拔、训练和发展；②满足员工的欲望，方法是采用激励原理，执行薪酬计划，对员工提供奖励、福利和服务；③进行绩效评估，发现问题并寻找修正措施。

第二节　企业人力资源战略管理的模式与实施

一、企业人力资源战略管理的模式

（一）竞争型人力资源战略管理

竞争性人力资源战略管理是最简单和最常见的一种人力资源管理模式，这种模式主要特点和倾向性是对企业的外部和内部环境和条件进行科学的分析，对人力资源的优势和劣势进行必要的权衡，目的是找出并解决人力战略管理中的不稳定因素。简单地说竞争型人力资源战略管理就是将企业的经营竞争力作为人力资源战略管理的目标，并引入到人力资源管理活动中，从而形成能够提高企业在市场经济竞争力的人力资源的战略决策，并通过现有的人力资源管理系统来实现。

（二）服务型人力资源战略管理

服务型人力资源战略管理模式把人力资源管理（HRM）作为企业组织战略实施的保证、企业组织优势发挥的基础、企业组织文化建设的依托以及企业组织适应性的来源。服务型人力资源战略管理模式的特点是注重人力资源管理对其组织战略和经营战略的影响，并且在这种模式中企业的人力资源管理战略能够充分发挥出企业组织的灵活性和适应性。

服务型人力资源战略管理模式可以通过人力资源的功能重组以及对人力资源开发和管理的战略整合来实现。我国不少学者都对此进行了研究，赵领娣、巩天雷认为突出人力资源的战略性职能是人力资源未来的发展趋势，并提出了人力资源在构建企业竞争优势方面扮演 4 种角色——战略性人力资源管理、企业基础设施管理、转型与变革管理以及雇员贡献管理。他们认为在这个角色当中战略性人力资源管理是提高企业竞争力的基础，也是企业的最宝贵的资源，并且随着企业认识的不断提高，通过对人力资源有效地开发和科学管理，使之成为企业获取竞争力优势的重要途径，并将人力资源管理职能看作战略性的经营单位，将其它部门作为人力资源管理部门的服务对象，建立客户需求为导向的战略性人力资源管理职能。

（三）投资型人力资源战略管理

投资型人力资源管理是一种最大限度利用财务金融知识对人力资源的价值进行计量和管理的人力资源战略管理模式。在投资型人力资源战略管理中企业需要对人力资源的投资进行专门的立项和考察，充分利用量本利、现金流量等专业的分析方法对人力资源投资经营决策进行规划和控制，通过对人力资源投资成本以及投资收益的分析和研究，制定合理的人力资源战略管理的目标和措施，并制定员工激励机制，保证战略目标的实现。

投资型人力资源战略管理具有和其他投资一样具有风险，并且风险和收益呈一种正相关的关系。投资型人力资源战略管理的投入主要是培训以及激励员工的花费，企业可以通过风险管理用这些投资来实现绩效提升、福利改善以及忠诚度提高等诸多目标，最终为企业的长远发展战略提供有利支持，但如果企业的风险管理不到位那么可能会出现投资失败造成组织绩效提升不升反降、企业人力资源成本上升等不利于企业发展的局面。在所有人力资本投资风险中的最主要的是决策风险和管理风险。决策风险是投资后企业达不到既定战略目标，得不到预期收益的风险；管理风险是指是因为管理人员的管理不善而造成人力资本效率低下或人才流失的风险。

在投资型人力资源决策过程中，经济定量模型和金融工具的应用可以有效的提高企业人力资源战略的运作效率，使人力资源管理更富于战略特征，并且这种做法可以极大地提高管理者和员工的积极性从而有效的减少实施风险，不仅可以保证企业人力资源投资的收益,还可以使企业在吸引和激励人才方面更具竞争力。

（四）资源配置型人力资源战略管理

资源配置型人力资源战略管理模式以人为出发点，突出了人力资源作为企业内部核心能力的作用。资源配置型人力资源管理战略认为人力资源战略在企业的众多职能战略中居于首位，因为其最主要和最直接的作用在于为企业的生存和发展提供保障，此外科学合理的人力资源战略规划能够为企业获取持续竞争优势提供强有力的推动力。

企业总体经营战略与人力资源战略目标的一致性或匹配性是人力资源战略获取成功的关键要素。以人力资源为战略基础的管理模式能够较好地把 HRM 与企业的竞争优势结合起来，这是人力资源管理能够为现企业的可持续竞争优势提供推动力的根本所在。

资源配置型人力资源管理模式的主要有 4 部分组成——人力资本储备、员工关系和行为、人力资源管理系统以及高绩效工作系统（HPWS）。资源是发展的根本，企业通过资源配置型人力资源战略管理模式可以充分调动企业的人力资源储备，激发员工的行为，调整资源配置，正是这 3 个因素的综合效应使企业员工可以最大限度的发挥企业每一分资源的价值，为企业带来持续的利润和竞争优势。

（五）目标型人力资源战略管理

目标型人力资源战略管理模式的基础是目标管理法，它把整个企业或组织的整体经营目标作为出发点，并站在企业战略的制高点与企业的各项管理工作的战略目标相互呼应。目标型人力资源战略管理模式的目标需要企业的决策者、目标的提出者以及员工共同制定，并且特别重视和利用员工对组织的贡献。在目标型人力资源管理战略模式下企业特别重绩效反馈和监控、指导手段的互动，也就是说企业通过指导和监控目标的实现过程来提高员工的工作绩效，并通过绩效反馈来制定绩效改进计划改进企业的指导措施和监控手段，通过二者的互动，使其相互推动以保证组织目标的实现。

目标型人力资源战略管理的不足主要体现在以下 3 方面：

（1）由于员工与管理者在认识上的差异，如果处理不当，可能会在共同制定目标过程中会发生冲突；

（2）员工的注意力集中在目标上，但对达到目标所要求的行为不明确；

（3）其绩效标准因员工不同而不同，没有相互比较的基础。

目标型人力资源战略管理模式可以根据目标实现形式(财务指标和非财务指标)、目标分解方法、绩效评价和反馈分为以下 3 个类型。

1．以传统模式

传统模式是指以财务指标为基础，通过对财务会计指标的分解来落实既定目标的一种人力资源管理模式，其也是我国企业采用的主流人力资源管理方式。

在传统模式的人力资源管理中企业根据会计利润进行绩效分析和评估时，目标最底层的分解指标由于组织机构或者经营环境，仅能落实到企业的财务会计科目上，在同员工个体的考核指标的衔接上可操作的空间很小。财务指标是导致目的型人力资源战略管理模式注重短期效益的重要原因。会计指标作为战略基础的最大的缺陷在于无法正确地反映员工的工作能力和工作态度，其措施多数是单纯为了弥补财务指标体系的不足，这也导致了其相对的孤立性。财务指标与非财务指标的结合可以比较好地解决这个问题，但是财务指标和非财务指标的整合一直是绩效管理的难点。

2．EVA（MVA）评价模式

EVA评价模式是指以EVA（MVA）为基础的评价模式，股东财富最大化目标可以通过MVA和EVA这两大指标来量化以评判企业目标的实现程度及公司高管人员的业绩。EVA是经济增加值的英文简写，其含义是扣除权益资本成本后能应用于公司分配的经营利润；MVA指是公司的股票总市值与其权益资本之差。EVA（MVA）评价模式是一套以价值增值为导向的业绩评价和激励系统。

EVA（MVA）进行绩效评估的不足表现在以下3方面：

（1）过分强调经营结果的业绩，难于分解到每个经营单位，不能指出影响未来成功的关键驱动因子和解决问题的方向。

（2）EVA（MVA）只是一种评估手段，因此单纯应用EVA（MVA）指标难以识别汇集信息的真实性和可靠性，也就是说起不能反映员工创造价值的过程，只能反映结果。

（3）EVA（MVA）比其他指标更接近企业真正创造的财富，但是由于我国资本市场发展的不成熟，其不能为企业提供计算员工EVA所需的真实有效的财务信息。

3．综合评价模式

综合评价模式以平衡记分卡为基础，其针对性的对战略目标进行有效控制的绩效评价，为人力资源战略管理和评估开辟了一条新的思路。凯文·克罗斯和理查德·林奇一直致力于这方面的研究，他们提出了业绩金字塔模型，这种模型按照不同的职能部门将企业的战略目标自上而下分解，并建立至下而上信息系统，注重二者的互动和循环。国内也有不少学者提出了自己的观点，毕意文在2003年发表的文章中认为，平衡记分卡这一评估模式在实现企业战略与人力资源管理的有机结合上需要通过员工能力的拓展、科学有效的绩效管理、浮动薪酬制度并结合员工的招聘、筛选以及保留多个方面的共同作用才能实现。

以平衡记分卡为基础的综合绩效评体系与人力资源的具体结合过程中，存在的主要问题是平衡各项任务指标。在企业的人力资源管理战略中任何一个单一指标的改变都可能会影响企业总体利益，也就是说即使员工把挑选出的指标顺利地完成后，其他方面的指标也能收到损害。

二、企业人力资源战略管理的实施

（一）人力资源战略的制定和选择

1. 人力资源战略的制定

人才是企业发展的基础，只有保证企业人才的稳定才能为企业的长远发展提供持久的洞洞里，一次制定人力资源战略保证企业的人才供应，是每一个企业高层管理者在制定企业发展战略时必须最先考虑的问题。这一点我们可以通过 3 方面来理解。

（1）人力资源战略可以鼓励企业高层领导者提前并主动地进行战略性思考。

（2）人力资源战略可以激发员工的积极性，并鼓励基层管理人员发挥自己的创造性，参与企业发展战略的制定，同时，它可以充分发挥企业中层领导的作用，使企业各级管理者能够进行有效的沟通，增强企业信息的通达度，为企业正确决策提供帮助。

（3）人力资源战略可以帮助企业领导和员工识别企业现状与未来远景的差距。

企业人力资源战略制定的流程包括 SWOT 分析、战略制定、战略实施以及战略评价等。

（1）SWOT 分析。任何战略的制定首先都要考虑组织面临的内外部的环境，人力资源战略的制定也不例外。一般情况对企业人力资源的 SWOT 分析包括企业的内外部战略因素分析、企业内部战略因素的优劣势分析、企业外部战略因素的机会和威胁分析。企业对自身人力资源进行 SWOT 分析可以帮助企业更好地认识和了解自身的人力资源概况，并有效提高企业人力资源管理的绩效。

（2）战略制定。人力资源战略的制定是一个需要结合集体智慧才能完成的复杂过程，在战略制定之初首先应该明确战略目标，人力资源目标的确定需要依据组织的发展整体目标、人力资源的现状与发展趋势以及组织面临的内外环境等方面的因素综合确定。人力资源战略目标一旦确定，那么未来组织内人力资源数量与结构、开发和管理成本、素质和能力、员工士气等方面也都有了相应的运作方向。需要注意而是，战略目标应具体的、可衡量的，且不能一成不变，要根据环境的变化进行相应的调整和变革。

确定战略目标是人力资源战略制定的开始，在目标确定后组织就要根据战略目标来制定相应的措施来保证战略目标的实现，这些措施包括战略目标的实现方式、需要采取的行动以及具体的规章制度等。最优秀的人力资源战略应该是一个框架，这个框架与组织各方面的情况相对应，组织可以根据这个框架制定出一套符合组织具体情况并具有很强可操作性的人力资源战略。

（3）战略实施。战略实施是企业人力资源战略制定的第三个流程，在这个过程中企业会把制定的战略方案付诸于行动，保持企业的经营活动朝着既定的战略目标前进。战略实施的关键在于其有效性和可操作性，如果企业战略按照既定的战略执行并未收到明显的效果，或者战略方案在实施过程中因存在很大的困难或阻力而难以实施，如果不能对战略方案进行及时的调整，就会导致战略实施的失败。因此，战略制定很重要，但战略真正实现的关键还在于战略的实施。人力资源战略在实施过程中，要做好两项工作：

在人力资源战略实施过程中，管理者最重要也是最频繁的工作就是企业日常的人力资源开发和管理，这也是人力资源战略最主要的实现手段，因此，战略实施者在日常工作中提高员工的满意度，改善工作绩效，可以有效地保证整体战略的实现。“不积跬步，无以至千里”，踏踏实实做好自己的本职工作是落实战略的最好办法，但是很多现在进行战略执行过程中，往往好高骛远，忽视日常的工作，这也是战略失败的一个重要原因。

协调好组织和个人之间的关系。在战略实施的过程中，整体利益需要所有员工的共同维护，但这并不意味着企业要一味强调组织的利益，而忽视员工个人的利益，这会引起员工的不满并降低其的工作的积极性。但是如果企业过分强调员工的利益而忽视组织的利益，会给组织带来损失，从而影响组织目标的实现。因此，在企业人力资源战略的实施过程中，企业要合理把握组织利益与员工利益之间的关系。

（4）战略评价。战略评价是企业人力资源战略制定的最后一个流程，它的主要任务是需找到在战略实施过程中战略规划与现实的差异，发现战略存在的不足并进行调整，使之更符合组织的实际，并为下一次的战略制定提供借鉴。

战略评价和战略管理是相辅相成、相互促进的关系，没有战略评价的战略管理是不完整的，而没有标准的战略评价是盲目的。因此，在正确的标准指导下，一个具有可操作性的战略评价体系可以与战略管理形成一个良性循环，这对发挥战略管理的作用来说非常重要。

2．人力资源战略的选择

人力资源战略选择应遵循下述两项基本原则。

（1）人力资源战略与基本经营战略的匹配性。在企业发展中获取竞争优势是保证企业能够长久发展的最直接因素，每个企业都有不同的自身状况和外部环境，但无采取总成本领先战略、差异化战略和目标集聚战略必然会有一种适合企业，可以为企业赢得竞争上的优势。只要企业的人力资源战略与企业的基本经营战略相匹配就能够发挥出三大基本战略的作用。

（2）人力资源战略与企业发展战略的匹配性。任何一个企业都是有生命周期的，生命周期理论认为企业都有的生命周期阶段包括：诞生阶段、快速成长阶段、成熟阶段和衰退阶段，我们前面已经提到过，企业在不同的生命周期有不同的发展需求，其人力资源发展战略也会随之发生变化。在企业生命周期中企业人力资源战略可以分为成长战略、维持战略和收缩战略等 3 种。其中成长战略可以选择集中型战略、内部成长战略和外部成长战略等 3 种不同的成长方式。

（二）人力资源战略的实施

企业战略规划的制定需要人力资源管理战略的辅助，二者统一在企业整体发展目标这个基础之上。在企业战略规划的实施过程中，人力资源战略规划的有效实施能够给企业战略规划的实施提供良好的保障。在企业战略的实施过程中，人力资源管理可以从 3 方面着手，采取有力措施，提供企业战略实施的基础保障，使企业获得和保持战略的竞争力。

1．强化日常人力资源工作

人力资源战略管理实施过程中，最重要的工作是日常的人力资源管理工作。日常的人力资源工作正是人力资源战略思想的实践，可以说人力资源战略管理的实施能否取得满意的效果与日常人力资源管理工作息息相关，因此企业一定要将人力资源战略规划中的各项具体工作落到实处，对既定战略计划实施监督，并及时进行完成情况的检查，发现问题及时提出改进方案，提高员工满意度，改善工作绩效。

2．协调好组织与个人利益的关系

人力资源战略管理实施过程中另一重要的工作是协调好组织与员工之间的利益关系。企业的经营目的就是获取利益，员工工作也是为了获取合法报酬，保证自己的生活品质，企业的利益和员工的利益在某种程度上说是相互矛盾的，因为员工的薪资是企业不可忽视的一项经营成本，要实现二者的同步增长需要企业和员工共同的努力。如果这个问题处理得不好，则会给人力资源战略管理的实施带来困难：过分强调组织利益而忽视个人利益，员工必然会产生不满；过分强调个人利益而忽视组织利益，则会给组织带来成本损失。

3．充分利用企业资源

人力资源战略管理的实施过程中有许多企业资源是可直接进行利用的，这不但可以保证企业人力资源战略管理按照其既定规划进行，还能够加强企业各个系统和经营目标的联系，实现资源和信息的共享。信息处理的工具与方法、员工潜能的发挥、企业文化与价值体系的应用等，都是人力资源战略管理实施过程中可以进行有效利用的企业资源。

（三）人力资源战略的管理

人力资源战略的管理是一项复杂的系统性工作，其管理的全面性和和系统性是人力资源战略实现其预定目标的基础保障，在企业的人力资源战略管理实践中，环境分析、人力资源战略规划、企业员工的招聘和甄选以及员工的培训和绩效考核都是人力资源战略管理的重要方面。

1．环境分析

环境分析时任何战略管理都要进行的基础工作，因为它不仅关系着现在的工作“怎么干”，还关系到未来的工作“干什么”，可以说环境分析是企业进行战略管理的基础。企业在进行环境分析时要准确而全面，无论是内部环境还是外部环境都是企业需要分析的。SWOT 分析方法认为，任何企业在进行战略性决策前都应该充分考虑自己所面临战略实施环境的优势、劣势、机会和威胁等可能影响未来战略实施的要素。人力资源战略实施环境分析作为人力资源战略管理的第一步，是企业形成自己独具特色的人力资源战略管理体系的基础。

2．人力资源战略规划

人力资源战略规划我们也可称为人力资源战略计划，具体是指企业对组织的需要进行识别和应答，并通过制定相应的政策、系统和方案来确保人力资源管理的各项措施在变化的条件能够下持续有效发挥其功能。我们前面也提到了人力资源规划必须要建立在人力资源分析的基础上，企业只有通过对自身人力资源状况以及外部实施环境的分析和研究，才有可能针对性地对人力资源战略的实施进行规划布局，以减少人力资源战略实施中的障碍，是人力资源战略管理的各项措施能够充分发挥出自己的作用。

3．人力资源战略的控制

（1）事前控制。人力资源战略的事前控制是指在战略实施之前，要对战略计划进行严格的审查，确保战略内容的科学性和可行性，并且要得到企业高层领导人的批准后才能执行，对于其中重大的经营活动而言，还必须要得到企业最高层领导人的商议决策后才能实施，所批准的内容往往也成为考核经营活动绩效的控制标准。事前控制的核心思想是“防患于未然”，其多用于重大问题(一旦决策出现失误，会对企业造成巨大损失的问题)控制，如任命重要的人员、重大合同的签订、购置重要设备等等。

由于事前控制发生在战略行动尚未正式开始之前，因此事前控制如果能够成功预测发现战略行动的结果可能会偏离既定的目标，那么就可以避免很多不必要的损失。事前控制是企业进行人力资源战略控制的重要一环。

（2）事后控制。人力资源战略的事后控制发生在人力资源战略成果形成之后，其关注的重点是战略控制的程序和标准。按照工作内容和性质的不同，我们可以把事后控制分为两个步骤。

日常控制工作。在事后控制中企业战略管理的日常的控制工作由职能部门去完成。

事后控制工作。在战略计划部分实施后，企业的人力资源部门把战略实施结果与原定标准相比较，并通过综合分析得出评估结论，向高层汇报。

事后控制的具体操作又可以分为两种方法。

1）联系行为。联系行为是指企业对员工战略行为的评价和控制直接同他们的工作行为和工作绩效联系挂钩。这种方式的优点是比较容易获得员工的接受并能够通过行为评价的反馈信息修正战略实施行动。

2）目标导向。目标导向是指让员工参与战略行动目标的制定和工作业绩的评价。这种方式的优点在于可以让员工看到个人行为对实现战略目标的作用和意义并且从中得到肯定和鼓励，激发其工作动力。

（3）即时控制。即时控制（过程控制）是指企业高层管理者要控制企业战略实施的全过程，特别是对各个环节的关键性过程。这种方式的优点在于：可以随时采取控制措施，纠正实施中产生的偏差。

第三节　人力资源竞争战略基本思路

我国经济的发展离不开人力资源的开发与利用，知识经济时代已经到来。然而，我国长期形成的传统观念与对指标理解的偏差，导致了人力资源没有受到真正地重视与关注，甚至人们忽略了人力资源的重要性。结合多年工作经验与实际案例，本书认为在知识经济时代视域下，我国的人力资源竞争战略主要做到以下4点。

一、物质激励与精神激励

当前，我国很多员工在没有竞争意识，特别是一些企业单位，员工认为不需要竞争。所以，最好的做法就是物质与精神激励相结合。有的员工容易受到工资的诱惑，他们会产生竞争意识。但是提高工资不是万能的，适当的采取精神激励，可能会得到事半功倍的效果。随着知识经济的到来，构建完善的企业激励制度是至关重要的，结合物质激励与精神激励就是最好的办法。只有把物质与精神有效结合，才可以最大程度上激发员工的积极性，加强员工竞争意识，达到推动企业建设的最佳效果。例如，管理者对一些优秀员工、超额完成工作的员工采取实质奖励，给予一定的工资奖励。并在此基础上，增加员工对企业与单位的认同感与责任感，让员工从内心深处感受到自己的价值与存在，这也是把物质激励与精神激励结合的最好办法。另外，在知识经济时代视域下，有效地进行人力资源管理，并配以精神激励，这也是人才管理部门需要学习的地方。总而言之，企业与单位把物质激励与精神激励相结合，不仅可以营造内部人才竞争环境，还可以提高员工工作效率，增加企业与单位的经济发展。

二、设置岗位分配原则

（一）知岗：岗位分析

企业在进行“人岗匹配”的战略过程中，首先要做的就是知岗，只有在深入了解岗位之后，才能去选择适合这个岗位的员工，这样才能够真正实现“人岗匹配”。如果忽视了岗位的特点和要求，那么“人岗匹配”战略的实行就会成为空谈，失去实行的基础。

知岗最基础也是最重要的方法就是岗位分析。所谓的岗位分析实际上就是对所做的某项工作，针对与其相关的内容与责任的资料，进行汇集，并且进行深入的分析和研究的过程。想要做到“人岗匹配”，就必须要对员工的素质要求先行订立一定的标准，而为了建立员工的素质标准，就必须要对工作的职务与责任加以研究。经过岗位分析所制定出来的的岗位说明书就成为了对人力资源进行科学化管理的基础，并且在“人岗匹配”中会发挥其重要的作用：

（1）确定岗位招聘人员所需的资历；

（2）明确岗位所需员工的条件；

（3）根据岗位职责确定岗位薪资；

（4）根据岗位所需技能制订岗位现有人员的培训发展计划。

（二）知人：胜任素质

在明确了企业各个岗位的要求和特点之后，就要进入“人岗匹配”战略的下一个环节——知人，这也是人力资源管理中的一个重要环节。进行知人的方法有很多，例如可以进行情节模拟、评价中心技术、笔迹分析、笔试、面试交谈、履历分析、心理测验等。但是这些方法一般情况下都是针对“人”，或是针对“事”，因此对于“人岗匹配”战略实行帮助并不是很大。

在企业进行管理和咨询的实践中，一些著名的咨询公司在总结后发现，“胜任素质”在知人方面，是帮助企业实现最佳“人岗匹配”的有效工具。在 21 世纪 50 年代初，胜任素质开始在实践中应用。著名的心理学家、哈佛大学教授麦克里兰博士是国际上公认的胜任素质的创始人。在当时，美国国务院感到将智力因素作为选拔外交官的基础，效果并不是很理想。很多在表面上看起来十分优秀的人才，但是在实际工作的表现中，却让人感到很失望。在这种情况下，麦克里兰博士应邀帮助美国国务院设计了一种能够有效预测实际工作业绩的人员选拔方法，从而来解决这一难题，实现“人岗匹配”。这个项目在进行的过程中，麦克里兰博士应用了奠定胜任素质方法基础的一些关键性的理论和技术。例如抛弃对人才条件的预设前提，从第一手材料出发，通过对工作表现优秀或一般的外交官的具体行为特征进行比较分析后，识别出能够真正区分工作业绩的个人条件。

企业通过“胜任素质”来知人，进而实施“人岗匹配”战略一般需要经过建模、定标、评价和知人等 4 个步骤完成。

1．建　模

企业根据自身的文化和业务发展，建立起符合公司自身特点的岗位胜任素质模型。胜任素质主要是从员工的品质和能力方面来论证个体与岗位工作绩效关系的，是个体的态度、价值观和自我形象、动机、特质等潜在的深层次特征，是将某一工作(或组织、文化)中表现优秀者和表现一般者区分开来的基础。

具体方法是，一方面要根据岗位说明书和岗位评估系统对胜任岗位的关键因素进行归纳和总结，形成一个岗位胜任素质模型的框架；另一方面，还要通过管理层研讨、管理访谈等方式，对模型框架做有针对性的调整和修正，并细化胜任特质的典型行为。在初步的胜任素质模型基础上，形成评估要素列表，制定评估框架并对评估方法进行选择、组合，从而建立起完整的胜任素质模型。

2．定　标

根据胜任素质模型评估各个岗位应该具备的能力。通过内部管理人员、外部专家以及需要评价岗位的直接上司、在岗人员及其下属共同对该岗位所需要的胜任素质水平做出评估，同时，还要参考同类组织对相应岗位的要求，建立企业所有岗位的胜任素质标准。

3．评　价

通过对公司的管理进行诊断和评估，建立发展评价中心，包括情境模拟（包括文件筐、无领导小组讨论、角色扮演、管理游戏、案例分析等）、心理测验（包括能力倾向测验、职业兴趣测验、动机测验、管理风格测验等）和专家面谈（包括结构化面谈、半结构化面谈和非结构化面谈）。

4．知　人

以“人岗匹配”为原则，根据所建立的胜任素质模型，利用已经建立的发展评价中心，对现有关键岗位的人员进行素质评估，根据胜任素质模型和参照标准，在胜任素质的各个维度上进行比较，对不能达到任职要求的人员进行调整和有针对性的培训。从而保证组织调整的顺利完成，并建立起企业独立的知人系统，最后将岗位胜任素质变成企业的核心竞争力之一。

（三）匹配：知人善任

知人善任是实施“人岗匹配”战略的最后一个环节，也是发现并最大限度地利用员工的优点，把合适的人放在合适的位置，尽量避免人才浪费的最为关键的一步。“没有平庸的人，只有平庸的管理。”每个人都有自己的特点和特长，知人善任，让企业的员工都去做最为适合自己的事情，这样才能充分发挥他们的工作潜能，实现对人才的有效利用，达到企业人力资源的优化配置。

在历史上或是在现在，很多著名的成功管理者一般都善于知人善任，把人才放在最为适当的位置上，从而组成一个最为强大的团体。历史上的汉高祖刘邦就是一个知人善任的高手，他善于发现并利用每一个人的特长，根据他们各自的特点，将其安排到最为合适的岗位，实现“人岗匹配”。让他们最大限度地、充分地发挥自己的积极性，真正做到“职得其人”“人适其职”，让韩信带兵、张良出谋、萧何保后，任何环节都安排得有条不紊，正如他所说的：“运筹策帷幄之中，决胜于千里之外，吾不如子房；镇国家，抚百姓，给馈饷，不绝粮道，吾不如萧何；连百万之军，战必胜，攻必取，吾不如韩信。”这是刘邦在楚汉相争中最后能够取得胜利的根本原因。

企业的管理者在进行人力资源调整时，首先要对员工的才能、兴趣等有透彻的了解，然后才能针对某个特定的岗位去选择合适的人选，让合适的人做合适的事，这样才能“岗得其人”、“人适其岗”，达到“人岗匹配”的最优效果。需要注意的是，善任并不是按照管理者的心情随心所欲地安排，而是要按规律办事，在最合适的时机把最适合的工作分配给最适合的人，达到“人尽其才，才尽其用”。

现代著名的企业家牛根生曾经说过：“从人本管理的角度看，人人都是人才，就看放的是不是地方，这是一个‘人岗匹配’的问题。”因此，蒙牛企业在招聘卫生工的时候，不会选择那些文化程度高、家庭条件好的，因为这些人对自己职业的定位绝对不是一个卫生工，他们也就不会把自己全部的精力都放在简单的卫生工作上。因此，蒙牛对卫生工的选择主要放在了老实敦厚的农村妇女上，因为这份工作对于平时没有什么额外经济收入的农村妇女来说是十分来之不易的，她们会十分看重自己的工作，因为他们需要获得一些薪资来维持家用，从而对工作更加用心，将工作做得更好。

企业在进行人力资源管理的过程当中，管理者一定要避免盲目地凭感觉用人。将合适的人放在合适的岗位上，这样既能够减少“大材小用”和“小材大用”的现象的出现，又能帮助企业节约人工成本，从而充分调动员工的积极性，提高企业的活力。

三、设置岗位工作原则

为了使人才竞争战略更好地展开，制定一个合理、科学的规章制度至关重要。一般来说，企业与单位的规章制度就是为了约束员工在单位内的一些活动，避免一些不恰当的行为出现。企业与单位的规章制度还可以帮助员工更好地适应岗位，明白自己的职责所在。另外，企业与单位要设立管理员岗位，管理员可以帮助公司更好地明白人员调动与任职情况，并且一旦公司出现员工缺席情况。管理员都要明确记录档案，避免后期的延时、停滞等现象出现。还要注意的是，管理者在制定公司情况时，一定要统筹兼顾，确保把每一个岗位所带来的影响都涉及到，不可以凭自己主观意志制定岗位工作原则，一定要客观与合理，更不能把利益偏向于某个岗位团体。在制定岗位工作原则时，不仅要员工之间可以得到充分的交流与沟通，还要使岗位之间的交替合理，工作方面安排科学，只有这样，才能提高员工之间的合作能力与办事效率，也达到了人才资源合理分配的标准。其实，在面对新来的员工，管理者要与新员工进行谈心工作，使新员工感受到企业如家一样，新员工可以毫无保留地把自己的能力贡献给企业与单位，而老员工也可以无私地把自己工作技巧传授给新员工。值得注意的是，一旦出现徇私舞弊等现象，一定要严惩，落实到个人头上，不可以放过一个人。

四、明确考核频率和力度

为了更好地发展人才竞争战略，需要制定规律性的绩效考核工作。有资料显示，企业与单位制定每月一考核的效果最佳，达到的效率也最高。以每月进行考核，一方面来说，频率不会太高，员工也可以很好地适应这种情况；另一方面，管理者与考核者也可以很好地了解员工工作情况与精神状况，从而适当调整公司的战略发展。与此同时，好的考核频率与力度也帮助管理者明确了解员工的工作情况与进度完成，及时有效对人才资源进行合理分配，也对企业与单位更加了解与明确。因此，结合公司实际情况，制定符合本公司的考核频率和力度十分必要，可以做出准确判断并对公司做出实效管理，也提高了个人与集体之间的关系与联系。并且，在考核下，一旦出现员工之间的恶意竞争，可以很快并很好地解决，最大程度上提高员工的个人素质，推动员工个人发展。所以，肯定员工的绩效水平，注重员工的个人发展，培养其良好的竞争意识，营造一个正确的竞争氛围，是帮助与促进我国人力资源竞争战略的一个重要手段。

第三章　企业人力资源竞争力评价指标体系

第一节　企业人力资源竞争力模型

本书适当采用 HRCS（2002）[①]的研究结论，将人力资源竞争力分为 5 个层次：文化管理；人力资源实践；信任；知识；战略参与。其中的关系（见图 3-1）。

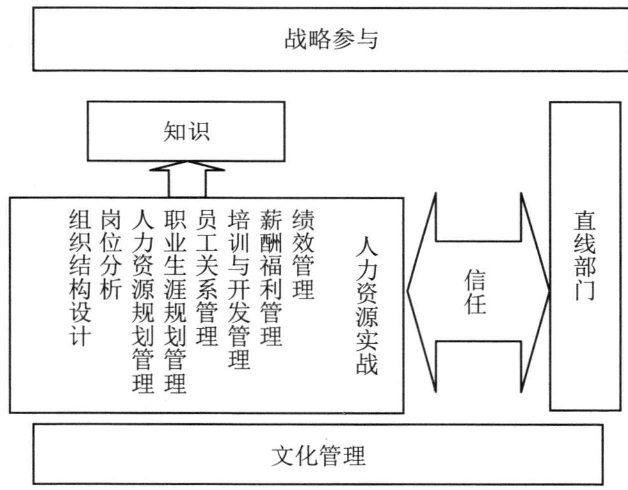

图 3-1　人力资源竞争力模型

一、文化管理

文化管理是指识别并建立健康、积极的基本商业价值观（Business Value）和

---

① Angela Shin—Yih Chen, Min—Daubian, Yi—Minghom, Taiwan HRD Practitioner Competency：An application of the ASTD WLP competency Model[J]. International Journal of Training and Development，2005，VOL. 9，No.（1）：21-32.

人性假设，并把它们转化成行为，实现竞争优势。HRCS（1997）概念性地将文化管理内容划分成执行文化的过程和重塑文化的过程。运行现有文化的过程包括：知识共享，挑战阻碍发展的因素，顺应企业战略要求，激励员工；创建文化的过程包含：识别要素，建立文化导向，用行为诠释之，树立标杆，全员参与。这不是阶段性工作，而是需要长期坚持的文化培育行为。这是针对拥有完善的现代企业管理机制的跨国公司做出的行为指标设定，可用于参考。

二、人力资源实践

人力资源实践包括人力资源管理和开发的相关工作内容和流程。在这一过程中，人力资源管理作为参谋部门对直线部门具有建议和提供支持的职责。也就是说，无论人力资源实践本身多么完美，其效果是通过直线部门的认可和采纳为前提体现的。直线部门是否对人力资源专业人员相信，决定了人力资源部门的绩效。

三、信 任

在 HRCS（1997）对高效组织和低效组织的调查研究中惊奇的发现，对人力资源专业人员的信任成为高效组织获得竞争力的关键因素之一。如上所述，只有直线部门对人力资源专业人员以及其制定的人力资源管理系统充分信任，才能采纳其提供的意见，配合工作，积极提供所需资料，从而达到协调、整合组织资源，达成组织预期目标，成就能力也就可以依附于人力资源管理部门当中存在了。

四、知 识

人力资源从业人员需要了解 3 方面知识：①人力资源专业内最新知识动向以及组织内人力资源优劣势。②企业内部知识，如：产品知识、电脑信息系统的知识、财务知识、供应商管理的知识等等。③企业外部知识，如：竞争对手的相关信息，顾客关系，市场及销售行情，并购及收购等等。人力资源从业人员只有了解方方面面的信息和知识，才能够指导人力资源管理工作，参与战略制订，更好地整合协调各种企业职能管理活动。

五、战略参与

在人力资源专业领域评估企业战略的可行性，人力资源总监能够根据其所掌握的专业领域、组织内外的知识参与企业战略制订的过程，提供建设性的意见、建议和支持。

文化管理为人力资源实践乃至整个组织提供行为准则和价值标准，即起到了组织行为的基石作用。而在人力资源实践过程中，人力资源管理专业人员应积极建立个人信任度，协调整合组织资源，同时掌握内部和外部，人力资源专业方面和非专业方面的知识、信息，以便参与、支持和影响公司进行的重大决策。以上 5 个环节系统协作，人力资源竞争力必能得以实现，从而实现长期获得竞争优势的目标。

第二节　评价体系二、三级指标的建立

一、企业文化管理系统评价

每一位管理学家都有自己对企业文化的定义，但是大家对企业文化的理解大体上观点一致，差别之处是解释角度的差异。国内外学者的各种说法，他们对于企业文化的定义从角度、涵盖面上都有些异同。然而，无论涵盖面宽窄，也无论哪一位研究者从何种角度来为企业文化定义，价值观的核心地位不可动摇。几乎每一位学者都提到，价值观是企业文化必不可少的构成要素，并且强调价值观是企业文化的基础和核心；其次，很多定义也涉及企业行为规范，行为规范是在企业独特的价值观基础上，经过长期的发展所形成的。对于企业文化概念结构和内容的研究国内外都比较成熟，本书的研究目的不是为了探讨这些概念的取用角度以及这些概念界定的合理性，因此本书选取学术界比较认可的概念。综合前人对企业文化的定义，本书认为，企业文化是企业在长期的发展过程中逐步形成和发展起来的稳定、独特的价值观，以及以此为核心形成的行为规范、道德准则、群体意识、风俗习惯及外化的企业形象的集合。简单的说，企业文化是价值理念、行为准则、企业形象三部分构成的一个整体。

在知识管理研究中有一项重要的贡献，就是按照知识获取和传递难易程度，将其划分为隐性知识和显性知识。在此，可将隐性和显性作为区分企业文化类型的一个标准，隐性文化是指高度个人化的或仅在少数人内部共享，一般不容易说清楚，企业外部的人更不容易获取的知识。显性文化是指以语言、文字等有结构的材料存储的，并且在企业内达成共识的，其他人都容易理解、容易说清楚的。

根据对前人的有关企业不同发展时期文化状态论述的总结和现实企业中各种企业文化现状的观察，从企业文化形式的显性化程度和内容的同一化程度出发，可将各个企业的文化大致归结为 4 种状态：默契文化状态、离散文化状态、系统文化状态和形式文化状态，具体内容（见图 3-2）。

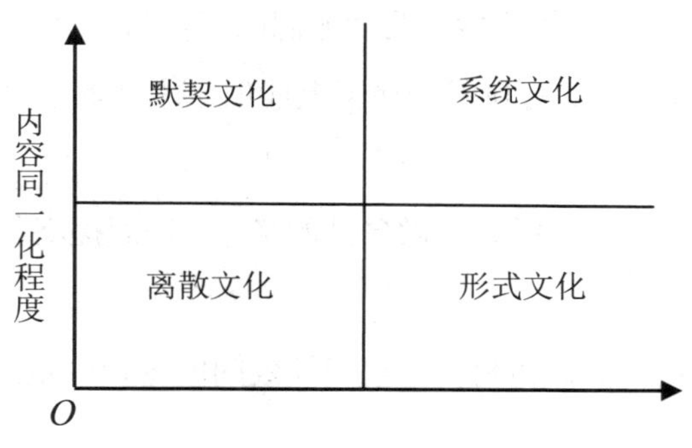

图 3-2 形式显性化程度

默契文化状态。尽管没有显性化的表现形式，但由于群体之间有共同的经历、共同的目标，并在合作中形成了共同的价值观念和行为准则，因而互相之间默契程度高，合作愉快。一般在企业初创阶段，创业群体间会形成这样的企业文化状态。

离散文化状态。企业中不同的人有不同的做事方式、行为准则和价值取向，对同一个问题，常常存在不同的看法，企业还没有明确的使命和未来的概念，企业文化的存在是隐形和多元化的。

形式文化状态。有显性化的表层文化和一定的行为规范，但由于缺乏对企业文化的系统梳理和深层次挖掘，文化理念和行为准则仅仅停留于表面，更多的是一种包装和形式。

系统文化状态。经过对企业文化的系统挖掘，文化理念和行为准则都是发自内心且为群体所认同，表层文化也能和企业文化理念保持一致，企业言行一致、表里如一。[①]

二、人力资源实践系统评价

人力资源实践系统是指在管理实践中所涉及到的与人有关的管理活动的总和。随着外界环境的变化，人力资源管理学科也随之产生发展，人力资源实践的内容也愈加丰富。人力资源管理是组织的基本管理职能之一，其基本任务就是：吸引、保留、激励与开发组织所需的人力资源，促成组织目标的实现，从而使组织在市场竞争中得以生存和发展。详细地说就是，把组织所需的人力资源吸引到组织中来，将他们保留在组织之内，调动他们的工作积极性，并开发他们的潜能，从而获得人力资源的高效率的利用。除了上述的基本任务之外，人力资源管理还有以下一些重要的任务：

（1）促使员工将组织的任务当做自己的义务，进而提高员工个人和组织整体的业绩。

（2）确保各种人事政策和制度与组织绩效间的密切联系，维护人事政策和制度的适当的连贯性。

（3）确保各种人事政策与组织经营目标的统一。

（4）支持合理的组织文化，改善组织文化中不合理的地方。

（5）创造理想的组织氛围，鼓励创造性，培养员工积极向上的作风，并为合并、创新和全面质量管理的完善提供支持。

（6）创造灵活的组织体系，确保组织反应的灵敏性和强有力的适应性，从而协助组织实现竞争环境下的具体目标。

（7）确保并提高组织结构、工作分工的合理性和灵活性。

（8）为员工充分发挥潜力提供所需的支持。

（9）维持并提高员工队伍的素质，维护并完善组织的产品和服务。

---

① 张小勇．企业成长状态评价指标体系研究[D]．杭州：浙江大学，2016.

根据人力资源管理的任务，可以将人力资源实践系统细分为以下几项人力资源职能：人力资源培训与开发、员工职业生涯规划与管理、组织结构设计、职务分析、招聘与选拔、绩效管理、薪酬福利管理、员工关系管理。

（一）人力资源培训与开发

从一般意义上说，存在着两种性质不同的学习：①代理性学习。在这种学习过程中，学习者学习到的不是他们直接获得的第一手知识，而是别人获得后传递给他们的第二手乃至若干手的间接性经验、阅历和结论。这种学习在传授知识方面效率较高，在知识爆炸的现代，人们不可能也不必事事都亲身体验、证实。可以通过接受别人传来的信息而获得可靠的知识。②亲验性学习，学习者是通过自己亲身的、直接的经验来学习的，所学到的是自己直接的第一手的经历与技能。这种学习有利于能力培养，有时是代理性学习所不能代替的。在企业培训中，这两类学习是相辅相成的。常见的学习形式是教师在课堂上系统的、层次分明的、定义严格地讲授要让学员们懂得的理论和概念，这是代理性的学习。亲验性学习方式则不同，主要包括案例讨论、现场操作、游戏、竞赛、角色扮演、心理测试，经验交流。也就是说，如果培训种类和方式上多样性是可以提升企业培训的效果，那么选择测量企业实施培训的方式组合作为衡量培训与开发的指标之一是可取的。

培训活动无论从费用、时间与精力上来说，都是高消耗的，所以必须精心设计与组织。要有效地做好这一工作，应把它视为一项系统工程，即采用一种系统的方法，使培训活动能符合企业的目标，让其中的每一个环节都能实现员工、工作及企业本身三方面的优化。企业培训流程的规范性、系统性和制度化是确保培训有效进行的保障，因此考量企业人力资源培训现况，选取培训活动流程情况作为指标之一是必要的。

人力资源培训（HRT）[①]模型显示了这样一个系统，它代表了由 5 个环节构成的一个循环过程（见图 3-3），在这个过程中企业通过组织、工作以及员工个人情况进行需要确定，目标设置和方案拟定，然后通过培训活动的进行，进行总结评价，

① 陈凌，郭维维．企业培训成熟度（OTM）的度量[J]．人力资源开发，2002（12）：49-51．

并将结果作为改进下一轮培训工作和确定新培训需求的参考依据。

同时，培训与开发进行得如何，以及未来是否将更加完善将取决于企业管理层对培训的重视程度，于是管理层对培训与开发工作的支持情况也应该考虑进来。

最后还需要培训的成本收益率分析作为对培训效用检测的常用指标。

那么培训与开发二级指标下设有：培训组合情况、培训流程的规范性情况、管理层对培训与开发的重视程度、培训成本收益率。

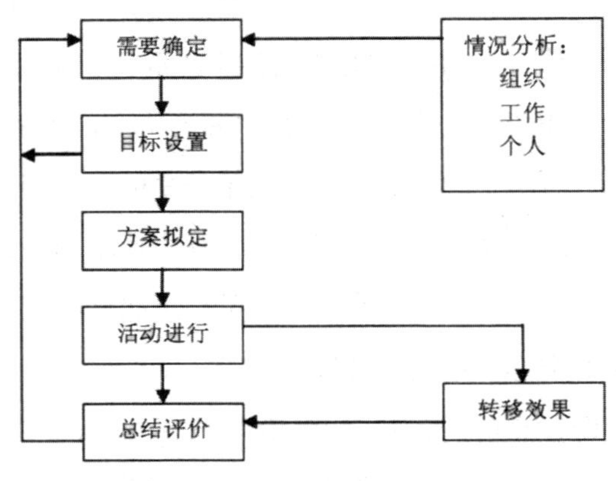

图 3-3　培训流程

（二）职业生涯规划与管理

组织对待新进入组织的员工除了要开展系统的新员工导向活动外，从长期来看更重要的是要进行新员工社会化，进而使员工的职业生涯规划与企业的发展目标相统一，从而激发起潜能，长期稳定地为企业贡献人力资源。从这一意义上讲，需要从两个阶段来测量企业职业生涯规划与管理工作的现状。

（1）新员工社会化。新员工社会化（Newcomer Socialization）[①]指新员工获得其成为一名组织成员所必需的态度、行为和知识的过程。在这个过程中，新员工与组织的各方面沟通交流信息，互相影响，并最终形成互相接受和认同的关系。菲尔德曼指出对员工的社会化应从 3 方面认识：①新员工社会化是新员工形成一系列正

① 余凯成，程文文，陈维政. 人力资源管理——工商管理硕士（MBA）系列教材[M]. 3 版. 大连：大连理工大学出版社，1999.

确的角色行为的过程，即新员工通过社会化过程了解自己在组织中的角色定位以及特定角色定位所需要的行为方式；②新员工社会化是新员工发展工作技巧与能力的过程，经过新员工社会化过程的新员工应当具备较全面地在组织中开展工作所需的工作知识、技巧和能力；③新员工社会化是新员工调整、适应工作群体的普遍标准和价值观的过程，这是新员工社会化最重要的目标。由此，可以选用指标来测量企业在新员工社会化活动中的状况：入职培训情况、新员工适应周期、员工对企业文化认同情况。入职培训通常是帮助新进员工了解企业发展史，企业文化，对新员工进行角色引导；新员工适应周期是指新员工是否能够适应工作要求，融入组织，与组织中上级或同事建立非正式的关系，并通过寻求反馈，信息搜索了解企业对自己的要求和期望，并努力达到的过程；员工对企业文化的认同情况是指员工是否能够认同企业一贯的行为模式，价值理念并坚持和维护它。由于本书在企业文化模块中涉及到企业文化认同的指标，根据相对独立性（指标间不能够重复）的原则，这里可以不予重复采用。

（2）员工职业生涯规划管理。职业生涯规划管理是组织开展和提供的用于帮助和促进组织内正从事某种职业活动的员工，实现其职业发展目标的行为过程，包括职业生涯设计、规划、开发、评估、反馈和修正等一系列综合性的活动与过程（见图3-4）。由图中所示职业生涯规划管理的本质来看，可以将其概括为职业生涯规划沟通、职业生涯通道设计和建立员工职业生涯档案等。①在职业生涯规划上的充分沟通直接影响职业生涯规划管理的有效性，可以促使员工的自我追求与企业的经营目标建立联系，统一立场，从而使员工在自我奋斗的基础上实现企业利益。②职业生涯通道设计是指为员工提供足够丰富、有吸引力的职业发展选项，可以使更多的优秀人才在企业得到自我实现，从而成就企业发展。③建立员工职业生涯档案是沟通、选择职业生涯通道的基础工作，只有通过建立员工档案，记录员工个人职业生涯规划方案，员工个人素质、能力进展情况，绩效表现，态度等尽可能有价值的信息，从而为职业生涯规划管理提供依据。

因此可以选用：入职培训情况、新员工适应周期、职业生涯规划沟通、职业生涯通道设计、建立员工职业生涯档案作为三级指标。

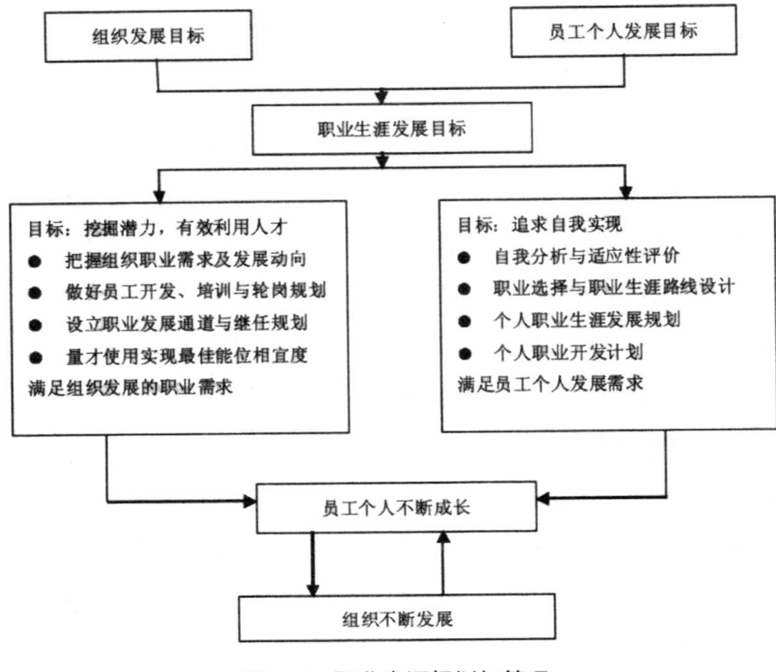

图 3-4　职业生涯规划与管理

（三）组织结构设计

组织职能需要健全的组织结构来保证实施。组织结构是企业的组织意义和组织机制赖以生存的基础，它是企业组织的构成形式，即企业的目标、协同、人员、职位、互相关系、信息等组织要素的有效排列组合方式。就是将企业的目标任务分解到职位，再把职位综合到部门，有众多部门组成垂直的权力系统和水平分工协作系统的一个有机的整体。组织结构描述的是组织的框架体系，组织结构决定着企业的形状。组织结构能够分解为 3 个成分：

（1）复杂性（Complexity）指的是组织分化的程度。一个组织越是进行细致的劳动分工，具有越多的纵向等级层次，组织单位的地理分布越是广泛，则协调人员及其活动越是困难。

（2）正规化（Formalization）是组织依靠规则和程序引导员工行为的程度。组织内部规定员工可以做什么，不可以做什么，一个组织的规章条例越多，这个组织就越正规化。

（3）集权化（Centralization）考虑的是决策制定权利的分布。在一些组织中，决策是高度集中的，问题自上而下传递给高级管理人员，由他们选择合适的行动方案。而另一些组织则是将权力授予下层人员，进行分权化。

随着企业规模扩大，职能部门之间的协调程度有减弱的趋势，影响组织效率，因此选取组织内部部门协调程度作为指标是必要的。随着科学技术的迅速发展和组织规模的日益扩大，信息、情报资料的收集和传递在管理工作中的意义越来越重大，反而组织各个部门之间的沟通变得越来越困难，随着组织的发展，具有逐渐走向机械化组织的倾向。部门之间的协调程度能够很好地反映企业的管理水平。该指标就是用来衡量企业组织内部各个部门的协调程度的。

于是可以选择组织复杂性、组织正规化、组织集权化以及组织部门间协调作为评价指标。

（四）职务分析

职务分析是现代人力资源管理所有职能，即人力资源获取、整合、保持与激励、控制与调整、开发等职能工作的基础和前提，只有做好了职务分析与设计工作，才能有效地完成人力资源管理各项职能。了解职务现况有助于了解组织内是否存在人力冗余或者匮乏，权、责、力明晰情况，人员配备情况等问题。随着企业成长，组织规模的扩大，职位数目增多，职务分析有愈加重要的趋势。根据职务分析的目的，具体而言就是测量：权、责、力划分明晰情况，人员配备合理化情况、职务分析灵活性。

权、责、力划分明晰情况。职务分析的重要任务之一就是减少进而杜绝企业内责任划分不明晰导致的推诿、拖延；权力界定不清造成“有事大家管，问题无人担”的局面；“大材小用”“小材大用”的情况。当企业成长初期，规模较小，企业主能够协调，监管各个岗位人员从业情况，从而对职务分析的需求不大。随着企业规模扩大，人员配备日益丰满，企业主凭借个人能力无法全面客观监管下级员工，就需要明确各个岗位权力、责任、能力，制定规范，按标准选人，用人。当企业进入更大规模经营时，企业对职务分析的规范性需求呈上升趋势，从而减轻企业管理层的监管，协调负担，将更多注意力资源投放在战略层面。

人员配备合理化情况。原则上讲，权、责、力明晰自然人员配备就可以合理，因为根据权、责、力选择合适人选就是人员配备的合理化。然而，不能不考虑在现实操作中，由于企业体制、产权的限制、裙带、家族的因素会干扰人员配备的合理化程度。因此，仅仅依靠企业具备一份权、责、力划分明晰的职位分析，并不一定可以全面客观地反映企业的人员配备情况，因此有必要加入人员配备合理化情况作为辅助指标。

职务分析灵活性。职务分析是为企业适应市场服务的，市场的多变直接导致职务分析需要一定程度的灵活性。因此，选择测量职务分析的灵活性作为衡量职务分析现状的指标之一是必要的。

因此职务分析采用：权、责、力划分明晰情况、人员配备合理化情况以及职务分析灵活性作为测量指标。

（五）招聘与选拔

员工招聘对组织意义重大。如同生产高质量的产品必须有高质量的原材料一样，组织的生存与发展也必须有高质量的人力资源。有效的招聘和选拔对组织的意义可归纳为以下 6 个方面：①确保录用人员的质量；②降低招聘成本；③为企业注入新的活力；④扩大企业知名度；⑤减少离职；⑥有利于人力资源的合理流动。[①]因此为了能够了解企业招聘与选拔工作的效能，可以选择 3 个纬度进行测量：招聘来源、招聘流程规范度、招聘选拔成本收益率。

企业的人力资源来源分为相关来源和非相关来源。相关来源是指在企业处于比较小的规模时候，企业内部的员工一般通过亲戚关系、朋友介绍、同学关系等等进入企业，在企业的内部形成一个利益的相关体，这可能对于企业初期的积累具有一定的好处。但是随着企业的发展，仅仅停留在通过关系维系企业已经非常困难。企业会逐渐将眼光转向企业的外部，将焦点放在人才的能力上面。通过搜索行为将人才引进到企业。这种搜索行为方式本身可以多种多样，使得企业内部

---

① 彭朝晖．重视招聘行为对企业形象的影响[J]．中国人力资源开发，2002（8）：58-60．

的非相关来源的员工数目会逐渐增加，员工的结构也将有很大的变化，那么测量企业招聘与选拔的人力来源是必要的。[①]

招聘流程包括：部门提出招聘计划，审批，发布广告（内部竞聘、外部招聘），筛选应聘来函，测试和面试，体检，背景调查，录用最后批准，发出录用通知，签订劳动合同。随着企业成长，招聘流程有趋于类似上述过程的完整化走势。招聘流程完整、严格、规范性是保证企业招聘到合适人才的有效保障。[②]

招聘选拔的绩效表现在能够为企业招到既符合岗位要求，又能够快速融入企业文化，长期稳定地工作的人；其付出的成本是实施招聘过程中付出的人力、货币成本以及试用期期间付出的培训成本。两者之比称之为招聘选拔的成本收益率，可以有效说明企业招聘选拔业务的绩效水平，因而选择此项作为招聘选拔的考核指标能够直观地反映企业该领域内的现状。

（六）绩效管理

绩效管理方法因企业不同，所处成长阶段不同，行业环境不同，外界环境不同而大相径庭。但是归根结底无外乎如下 4 个步骤：①绩效计划地制定，包括工作承诺、绩效目标与标准等内容；②绩效计划执行中的持续的绩效沟通与绩效信息的收集；③绩效考评；④绩效反馈，既包括了对相关当事人的反馈，为下一步绩效计划的制定提供参考，也包含了对人力资源管理其他子系统，如招聘、员工管理、培训发展、薪酬等提供反馈信息和数据。这 4 个步骤是一个戴明环（PDCA）循环改进的过程，使企业的绩效得以持续提高。而现在繁多的绩效管理模型的区别在于绩效指标制定、绩效考核过程和绩效沟通 3 方面。

绩效指标的选择标准是根据企业实际运营过程中逐渐总结、反思、借鉴、融合而成，是绩效管理的核心关键环节，具有历史路径依赖性[③]，也就是说，随着企

① 陈育庆．提高招聘的有效性[J]．中国人力资源开发，2006（3）：28-30.

② 颜爱民，刘志坚．企业招聘流程系统优化探析[J]．中南工业大学学报（社会科学版），2002（8）：8-11.

③ 赵曙明，吴慈生．中国企业集团人力资源管理现状调查研究（二）：人力资源培训与开发、绩效考核体系分析[J]．中国人力资源开，2003（3）：48-50.

业成长，时间推移，理论上企业会根据经验总结，不断开发、完善适合自身的指标体系。那么现在企业采用不同的绩效管理模式根本区别就在于指标选取的差异。如现今流行的平衡记分卡（BSC）就是从 4 个纬度设定绩效指标：财务、内部流程、创新学习、顾客满意。关键绩效指标（KPI）是利用目标执行情况的跟踪和考评，将公司的使命与愿景转换成一组目标（Objectives），再由目标开发出关键成功要素（Key Success Factors），再由关键成功要素转换为一系列可量化的关键绩效指标。无论方法怎样，企业都需要开发适合自身的绩效指标体系。绩效指标选择是否恰当，全面直接影响员工的工作、学习积极性，因此无论企业采用何种绩效管理模式，考量企业绩效指标的有效性是必要的。

绩效指标的有效性固然重要，然而没有科学、合理、客观的考核过程作为保障，绩效管理将趋于混乱，从而影响企业整体绩效表现。考量绩效考核过程就是要了解绩效考评的执行者在绩效考核过程中的对公平性、客观性的把握是否有偏差。绩效管理的过程每一个企业都强调量化、客观、公平，这就需要尽可能消除人的主观因素对结果产生的影响,除了在绩效指标设计遵循 SMART 原则(Specific 具体的,Measurable 可测量的,Attainable 可实现的,Realistic 客观的,Time-bounded 有时限的)，降低主观因素影响，在指标测量的过程中也要对执行人员进行相应的培训和严格要求，形成有效的监督机制。而选取绩效考核过程作为指标制定的有效补充指标，能够更为全面地了解企业绩效考核现状。

绩效沟通是绩效管理中的最关键环节是学术界和实业界早已达成的共识。绩效考核的最终目的就是使员工改进工作方法、工作态度，按照企业期望方向努力工作。而是否能够达到这一最终目标取决于绩效沟通的有效性。企业是否存在绩效沟通环节，该环节是否能够获得被考核者的认可都是这一指标所需要反映的事实。

因此，可以选择绩效指标制定、绩效考核过程、绩效沟通情况作为绩效管理的测量指标。

（七）薪酬福利管理

健全合理的薪酬制度要求公平性和激励性。其中公平性可以分为 3 个层次：

（1）外部公平性。指同一行业或同一地区或同等规模的不同企业中类似职务的薪酬应当基本相同，因为对他们的知识、技能与经验的要求相似，他们的各自贡献相似。

（2）内部公平性。指同一企业中各职务所获薪酬应正比于各自的贡献。只要比值一致，便是公平。

（3）个人公平。指涉及本人过去和现在的付出与收入的比值是否一致。

如果员工存在不公平感，就有可能消极工作，影响绩效。因而测量企业员工对薪酬制度的公平感可以了解企业薪酬管理的效能。仅公平性还不足以实现薪酬制度的使命，激励性是另一个重要的考量指标。激励性是指要在内部各类、各级职务的薪酬水准上，适当拉开差距，真正体现按贡献分配的原则。

福利制度对可以吸引和保持住人才，以及企业生产效率提高与运营成本的降低，都有间接而巨大的积极作用。考量福利制度的效用最直接简单的测量指标便是员工福利满意度。

因此，可以选择薪酬制度公平性、薪酬制度激励性以及员工福利满意度 3 个指标衡量企业薪酬福利制度状态。

（八）员工关系管理

“员工关系”一词，源自西方人力资源管理体系。在西方，最初由于劳资矛盾激烈、对抗严重，给企业正常发展带来了不稳定因素。在劳资双方力量博弈中，管理方认识到缓和劳资关系、让员工参与到企业管理中的正面作用。随着管理理论的发展，人们对人性本质认识的不断进步，以及劳动法律体系的完善，企业越来越注重改善员工关系、加强内部沟通、建立企业形象和提升雇主品牌。

员工关系管理是人力资源管理的一个特定领域。从广义上讲，员工关系管理是在企业整个人力资源体系中，各级管理人员和人力资源职能管理人员，通过拟定和实施各项人力资源政策和管理行为，调节企业与员工、员工与员工之间的相互联系和影响，从而实现组织目标；从狭义上讲，员工关系管理就是企业和员工的沟通管理，这种沟通更多采用柔性的、激励性的、非强制的手段，从而提高员工满意度，支持组织目标实现。基于此，员工关系管理的手段纷繁多样，不一而足，其主要内容有如下：

（1）劳动争议处理。员工入职离职面谈及手续办理，员工申诉、人事纠纷和意外事件的处理。

（2）员工人际关系管理。引导员工建立良好的工作关系、创建利于员工建立正式人际关系的环境。

（3）沟通管理。保证沟通渠道的畅通，引导企业与员工之间进行及时双向沟通，完善员工建议制度。

（4）员工情绪管理。组织员工心态、满意度调查，谣言、怠工的预防、监测及处理、解决员工关心的问题。

（5）企业文化建设。建设企业文化、引导员工价值观，维护企业良好形象。

（6）服务与支持。为员工提供有关国家法律、企业政策、个人身心等方面的咨询服务，协助员工平衡工作与生活的关系。

（7）员工关系管理培训。组织员工进行人际交往、沟通技巧等方面的培训。

员工关系管理还包括工作安全和健康、员工援助项目（EAP）、工会关系的融洽、危机处理等。

员工关系管理的基本面是沟通管理，是一切员工关系管理进行的基础和关键环节。而是否存在无论是正式的还是非正式的双向沟通渠道是衡量沟通有效性的基本要素。于是选择双向沟通渠道情况作为测量员工关系管理的指标之一是必要和可取的。但仅仅拥有双向沟通渠道并不能充分说明员工关系管理的效能，从沟通这一基本面的运作效果来看，员工关系管理不好，必然影响员工工作的积极性，导致离职率的上升，于是离职率是以结果为导向的测量员工关系管理效果的有效指标之一，也是传统测量企业人力资源状况的经典指标之一。其余员工关系管理的方式、方法、工具等因企业而异，不能作为统一的指标加以衡量和约束。于是，本书选择双向沟通渠道情况以及离职率作为测量员工关系管理效能的指标。

人力资源实践系统的最初制定者是人力资源专业人员，最终的应用部门是非人力资源部门，检验实践系统最终运作效果的直接而有效的指标就是“客户满意度”。具体而言，在每一个人力资源实践系统的各模块加入一个满意度指标：培训发展满意度、职业生涯规划管理满意度、组织结构满意度、职务分析满意度、员工招选满意度、绩效管理满意度、薪酬福利满意度和员工关系管理满意度。

三、信 任

人力资源实践系统的最终应用者是非人力资源部门人员，人力资源实践系统的效能发挥的好坏直接受到执行人员的执行力度和配合程度的影响。而制度执行者的执行力度与配合程度取决于其对人力资源专业人员的信任程度，那么测量信任程度就非常必要。当非人力资源部门对人力资源专业部门产生信任会主动向人力资源部门寻求帮助，积极性地主动执行人力资源专业人员的行动方案。那么选取职能部门执行人力资源政策的积极性、职能部门对人力资源专业帮助的需求程度作为衡量信任程度的指标可以比较全面地反映人力资源政策执行情况。

四、知 识

作为制定和督促执行人力资源制度的专业人力资源从业人员而言，其对组织内部和外部的知识掌握对企业人力资源发展状况的影响较大。只有人力资源专业人员掌握足够丰富和全面的信息才有可能考虑问题全面，制定制度有针对性，掌握重点，提高人力资源管理的效能。根据布罗克班克和乌尔里希教授的研究选取 3 方面作为衡量指标：①专业知识，人力资源专业内最新知识动向以及组织内人力资源优劣势。②企业内部知识，如：产品知识、电脑信息系统的知识、财务知识、供应商管理的知识等等。③企业外部知识，如：竞争对手的相关信息，顾客关系，市场及销售行情，并购及收购等等。

五、战略参与

战略参与作为一个用以测量人力资源管理在企业战略管理中的角色定位的纬度，可以反映企业高层管理人员对人力资源管理的重视程度，在布罗克班克和乌尔里希教授的研究数据中反映，这是影响企业人力资源管理状况的又一重要因素。

将人力资源管理战略参与度作为衡量指标是必要的。

综上所述，企业人力资源竞争力评价指标（见表 3-1）。

表 3-1 企业人力资源竞争力评价指标

子系统	二级指标	三级指标
企业文化管理评价子系统	形式显性化程度	价值理念的显性化程度
		行为模式显性化程度
		企业形象的显性化程度
	内容同一化程度	员工对于经营理念的认同程度
		员工对于行为模式的遵守情况
		员工对于企业形象的认同情况
人力资源实践子系统	人力资源培训与开发	培训组合情况
		培训流程的规范性情况
		管理层对培训与开发的重视程度
		培训成本收益率
		培训发展满意度
	职业生涯规划与管理	入职培训情况
		新员工适应周期
		职业生涯规划沟通
		职业生涯通道设计
		建立员工职业生涯档案
		职业生涯规划管理满意度
	组织结构设计	组织复杂性
		组织正规化
		组织集权化
		组织部门间协调
		组织结构满意度
	职务分析	权、责、力划分明晰情况
		人员配备合理化情况
		职务分析灵活性
		职务分析满意度
	招聘与选拔	招聘来源
		招聘流程规范度
		招聘选拔成本收益率
		员工招选满意度
	绩效管理	绩效指标制定
		绩效考核过程
		绩效沟通情况
		绩效管理满意度
	薪酬福利管理	薪酬福利制度公平性
		薪酬制度激励性
		员工薪酬福利满意度

续 表

子系统	二级指标	三级指标
	员工关系管理	双向沟通渠道情况
		离职率
		员工关系管理满意度
信任系统	信任	职能部门执行人力资源政策的积极性
		职能部门对人力资源专业帮助的需求程度
知识系统	专业知识	对最新人力资源专业知识的了解情况
		对人力资源理论系统知识了解情况
	企业内部知识	对企业内部各部门所需专业知识了解情况
	企业外部知识	对竞争对手了解情况
		对行业具体知识了解情况
		对一般环境知识了解情况
战略参与系统	战略参与	人力资源管理战略参与度

测评指标体系中，三级指标是可以直接测量的，它直接转化为企业人力资源管理状态量表中的问题，用以获得企业成长状态对应人力资源管理状态的信息。

第四章　企业员工核心竞争力的开发

第一节　人力资源培训的需求分析与组织实施

一、人力资源培训的需求分析

（一）培训需求分析的含义和作用

1．培训需求分析的含义

为什么要培训？培训什么？并不是领导说的就算数，也不是培训管理者凭空臆断的，当企业出现了一些问题，只能通过培训才能得到解决或更好的解决时，理所当然的就会有培训的需求。培训需求反映了企业要求具备的理想状态与现实状态之间的差距，这个差距就是培训需求。

培训需求分析指的是在规划与设计每项培训活动之前，由培训部门采取各种办法和技术，对组织及成员的目标、知识和技能等方面进行系统的鉴别与分析，从而将培训必要性及培训内容的过程确定下来。

2．培训需求分析的作用

培训需求分析的指导性非常强，它既是确定培训目标、设计培训计划的前提，同时也是进行培训评估的基础。培训需求分析作为现代培训活动的第一环节，其重要性不言而喻，其主要作用有以下 7 种：

（1）确认差距。确认差距是培训需求分析的基本目标，即确认任职者的应有状况同现实状况之间的差距。主要包括 3 个环节：①必须对所需要的知识、技能、能力进行分析，即理想的知识、技能、能力的标准或理解模型是什么；②必须对现实实践中所缺少的知识、技能、能力进行分析；③必须对理想的或所需要的知识、技能、能力与现有的知识、技能、能力之间的差距进行比较分析。这 3 个环节必须是独立且有序地进行，这样才能保证分析的有效性。

（2）满足企业变革需要。由于市场环境的需要，企业的发展是一个动态的，不断发展变化的过程，当组织发生变革时（不管这种变革涉及技术、程序、人员，还是涉及产品或服务的提供问题），培训计划都要满足这些变化。因此，培训和开发的负责人应该在制定合适的培训计划之前快速地认识到这种变革。

（3）保证人力资源开发系统的有效性。人力资源开发的这一过程其实就是人力资源培训的过程，没有培训何谈开发。在对培训计划进行设计之时，就要对人力资源开发的需要进行充分的考虑，这是人才储备最基础的工作。

（4）提供多种解决问题的方法。有很多种方法都可以解决需求的差距，有的选择和培训没有关系，如人员变动、工资增长、新员工吸收，或者几个方法综合使用。情况不同所选择的培训方法也有所不同。将几种可供选择的方法综合起来是最好的方法，制定具有多样性的培训策略。

（5）分析培训的价值及成本。当进行培训需求分析并找到了解决问题的方法后，培训管理人员就能够把成本因素引入到培训需求分析中去。需要对这样的问题进行回答“不进行培训的损失与进行培训的成本之差是多少”。如果不进行培训的损失小于培训的成本，则说明当前还不需要或不具备条件进行培训。由于还有许多不能用数字量化的项目，因此做这项工作非常的困难。但是不能只看到眼前，需要进行长远的考虑。

（6）获取内部与外部的多方支持。无论在组织的内部还是外部，通过需求分析搜集制定培训计划、选择培训方式的大量信息，这无疑给将要制定的培训计划的实施提供了支持条件。例如，中层管理部门和受影响的工作人员通常支持建立在培训需求分析基础之上的培训规划，因为他们参与了培训需求分析过程。

（7）促进人力资源分类系统向人力资源开发系统转换。人力资源分类系统作为一个单位的信息资料库，在制定关于新员工录用、预算、职位升降、工资待遇及退休金等的政策方面非常重要，但在工作人员开发计划、培训、解决问题等方面用途有限。如果一个人力资源分类系统不能够帮助工作人员确定他们缺少什么技能以及如何获得这些技能，工作人员就不可能在一个较高的工作岗位上承担责任；如果它不能分析由任务和技能频率所决定的培训功能，它就无法形成高质量的目标计划。然而，当培训部门同人力资源分类系统的设计与资料搜集非常密切的相结合时，这种系统就会变得更加具有综合性。

（二）培训需求分析的评估过程

1．任务分析

对于那些层次较低的职位，企业通常会雇用那些没有太多经验的人，然后再对他们进行培训。这时的目标是教给这些新员工完成工作所需具备的一些技能和知识，可以运用任务分析的方法来确定新员工的培训需求。

任务分析（Task Analysis）是通过对职位的详细研究来决定这一职位要求任职者应该具备哪些特定的技能——例如 Java 语言（如果针对的是网页设计人员）或面试能力（如果针对的是直接主管人员）。职位描述和任职资格说明书在这里很有用。这些文件列出了一个职位的具体工作职责和所需的技能，从而成为决定培训需求的一个基本参照点。还可以通过审阅绩效标准、实际承担某一职位以及询问一些管理人员将任务分析记录表作为对职位描述和任职资格说明书的一种补充。在这种表格中得到强化的关于需要完成的工作任务和需要具备的技能方面的信息，对确定培训需求很有帮助。

2．胜任素质模型

胜任素质模型往往会在一张示意图上概括出胜任某一职位所需具备的各种素质（例如，知识、技能和行为等）。举例来说，一名人力资源经理的胜任素质模型可以用金字塔来表示（见图 4-1）。金字塔顶层部分的内容说明了企业希望这位人力资源经理扮演的 4 种角色——直线职能、参谋职能、协调职能与战略性人力资源管理职能。金字塔顶层下的这一层说明了为了胜任上述这些角色，这位人力资源经理必须精通哪些领域，例如成为人力资源管理实践和战略规划领域的专家。紧接着下面一层则是这位人力资源经理如果想成为上述各个领域中的专家，并且胜任那 4 种角色，必须具备的一些基本胜任素质。对于这位人力资源经理来说，这些胜任素质包括人际关系能力（比如沟通能力）、业务管理能力（比如财务分析能力）以及个人能力（比如展现出建立在证据基础之上的良好判断力）。

胜任素质模型的目的是将胜任某个职位所需的各种胜任素质整合在一张图上。对于上面这位人力资源经理而言，这些胜任素质应当包括人力资源管理实践、战略规划、财务分析以及职业伦理道德等领域的知识和技能。胜任素质模型并不需要附加任何具体的表格。它的重要功能就在于为职位所需的各种胜任素质提供一个概览。

在夏普电子公司，建立胜任素质模型是从培训师和公司高层管理人员一起确定公司的具体战略和目标开始的。这使培训师能更好地理解夏普公司的员工为了实现公司的战略目标而需要获得哪些技能。然后，他们与每一个职位上绩效最优秀的员工以及焦点小组实施行为访谈。他们这样做的目的在于明确在一个职位的胜任素质模型中到底应当包括哪些胜任素质（比如“展现出创造力”和“以客户为中心”等）。

图 4-1　人力资源经理胜任素质模型示例

3. 绩效分析

对于那些绩效水平较差的现有员工，并不能判定培训就是解决问题的关键所在。到底是因为培训不足造成低绩效，还是由于其他方面的原因，对这一问题进行分析可以深入了解员工需不需要培训。绩效分析是一个确认是否存在绩效缺陷并且判定这种绩效缺陷是否能通过培训或者气压手段来进行解决的过程。

绩效分析的第一步就是将员工的实际工作绩效与依照其能力应当达成的绩效进行比较，这样做的目的就是帮助管理人员确定员工是否确实存在绩效缺陷，同时还会帮助管理人员分析造成这种缺陷的原因。

绩效分析的核心是要确定员工绩效不佳的原因。对于那些由于所受到的鼓励不足而导致绩效欠佳的员工来讲，指望通过培训来提升绩效的做法是徒劳的。因此，在这方面，区分绩效不佳的原因到底是员工不会做还是不愿意做，就非常重要。

首先，要判断是否存在员工不会做的问题，如果事实确实如此，则需要找到不会做的具体原因。可能的原因包括以下 3 种：①员工可能不知道自己应该做什么，或者说企业的绩效标准不明确；②在工作系统中存在工具或者备件缺乏等技术障碍，或者在工作中缺乏必要的协助；③员工所接受的培训不足。

另一方面，也可能是由于员工不愿意做才导致绩效不佳。在这种情况下，如果员工愿意做的话，他们能很好地完成工作。培训时可能会落入的一个比较大的陷阱就是：他们会企图通过培训来解决那些根本不能靠培训来解决的问题。有的时候，解决问题的办法是改变企业的报酬系统，并非实施培训。

（三）培训需求分析系统

确定培训目标是培训需求分析的直接目标，而最终的目标是确定员工以及企业的表现是否已经达标。这里的关键有两点：①找出问题的症结，并通过培训加以解决，并且使那些可以改进的具体行为和表现得以改进；②区分哪些是可以通过培训解决的问题，哪些问题无法通过培训来解决。举个例子来说，如果某一支特定的员工队伍的工作效率非常低，调查发现，问题的起因是最近的休假政策调整影响了一些高级员工的积极性。在这种情况之下，就无法通过培训来解决这个问题，除非培训的内容是向他们解释为什么要采取这项新政策。即便是这样，必须有充分的理由来实施新政策，并且要求这个理由能为大家所接受，这样才能通过培训来改善工作业绩。这就是培训需求分析时要考虑的培训可行性问题，即培训目标、方法和手段是否现实。

培训需求分析这一系统非常的复杂，它涉及人员、工作、组织及组织所处的环境（见图 4-2）。其中，组织、工作和人员三个层面的培训需求分析构成该系统的主体部分。

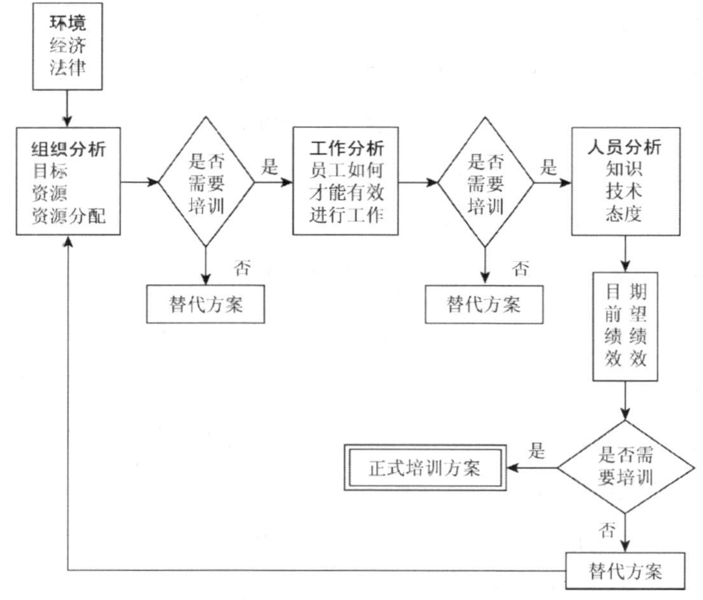

图 4-2　培训需求分析模式

1．组织层面的培训需求分析

培训需求的组织分析依据组织目标、结构、内部文化、政策、绩效及未来发展等因素，分析和找出组织存在的问题与问题产生的根源，以确定培训是不是解决这类问题的有效方法，以及在整个组织中哪个部门、哪些业务需要实施培训，哪些人需要加强培训或储备培训。因此，培训需求的组织分析涉及影响培训计划的有关组织的各个方面，包括对组织目标的检验、组织资源的评估、组织特征的分析以及环境影响作用的分析等方面。组织分析主要包括以下几项内容。

（1）组织目标。明确组织目标不仅对组织的发展有着决定性的作用，同时也决定了培训计划的制定和执行。组织目标分析主要围绕组织目标的达成、政策的贯彻是否需要培训或者组织目标未达成、政策未得到贯彻是否与没有培训有关等展开。比如，提高产品质量是某一个组织的目标，培训活动就要围绕“提高质量”这一主题进行。

（2）组织资源。如果没有明确可被利用的人力、物力和财力资源，就很难确定培训目标。组织资源分析包括对组织的资金、时间、人力等资源的分析。组织所能提供的经费就是资金，它将对培训的宽度和深度有着极为重要的影响。对一个组织来讲时间就是金钱，时间是培训的保证。如果时间太少或者时间没有得到合理的安排，就会对培训效果造成影响。人力则是决定培训可行和有效的另一个至为关键的因素。组织的人力状况包括人员的数量、年龄、技能和知识水平，人员对工作与组织的态度及工作绩效等。

（3）组织特征。组织特征深刻影响着培训的成功。因为，当培训计划和组织的价值有所出入时，培训效果就很难保证。员工的工作精神、工作态度、对公司的向心力、凝聚力以及对企业文化的理解、接受程度等若与组织目标的达成有重要关系，将会产生特定的培训需求。组织特征分析主要是对组织的系统结构、文化、信息传播情况的了解。

系统结构特征是指组织的输入、运作、输出、次级系统互动以及与外界环境间的交流特征。系统结构特征分析即审视组织运行系统能否产生预期效果、组织结构是否需要改变以及是否有相应的培训需求等，它能使培训组织者系统地面对组织，不出现以偏概全的现象。

文化特征是指组织的软硬件设施、规章制度、组织经营运作的方式、组织成员行为和价值观等。文化特征分析能使培训组织者深入了解组织，而不只是停留在表面。

信息传播特征是指组织部门和成员收集、分析和传递信息的分工与运作形式或方式。信息传播特征分析能使培训组织者了解组织信息传递和沟通的风格和特性。

（4）组织所处的环境是指新市场、新业务、新产品及新法规。当今市场竞争使许多公司不仅要进入新的市场，而且可能要从事全新的行业或业务。与此相对应，培训是必不可少的。当一个公司计划进入新的市场或生产新的产品时，就需要培训员工如何在新的环境中进行销售，或者培训生产和服务部门的员工如何生产新产品、提供新服务等。

每当国家和政府的一项涉及劳动的法律生效时，组织进行相关的遵守法律的培训总是可取的做法，比如说，请一位专家来向每一个可能受此法律影响的员工作解释，使一些可能产生的问题得以避免。这里就需要比较一下培训的成本和由于对法律的无知可能造成的损失。

2．工作层面的培训需求分析

培训需求的工作分析是通过查阅工作说明书或具体分析完成某一工作需要哪些技能，了解员工有效完成该项工作必须具备的条件，找到差距，确定出培训的要求，弥补不足。培训需求的工作分析的目的在于了解与绩效问题有关的工作的详细内容、标准，以及达成工作所应具备的知识和技能。

培训需求的工作分析主要从以下几方面展开。

（1）工作的复杂程度。工作的复杂程度主要是说工作对思维的要求，是抽象性还是形象性或者是两者都有，是需要更多的创造性思维还是按照有关的标准要求严格执行等。

（2）工作的饱和程度。工作的饱和程度主要是指工作量的大小和工作的难易程度，以及工作所消耗的时间长短等。例如，行政部的工作大部分都是琐碎而繁杂的，但是工作时间相对是固定的，而技术开发部方面的工作就相对具体而复杂，工作时间的弹性相对较大。如果对这两个部门的员工进行培训，其培训内容自然就会有所不同。

（3）工作内容和形式的变化。随着公司经营战略和业务的不断发展，一些部门的工作内容和形式发生很大的变化，而也有一些部门的工作发生的变化非常的小。例如，市场部的工作会随着公司业务的发展迅速变化，财务部门相对就变化较小。因此，在进行培训需求分析时应注意这一点，对于未来可能发生的工作变化有一定的前瞻或预测，从而使公司在不断的发展过程中能够坦然应对，不至于在衔接或过渡中出现问题。

这就需要从公司整体发展的角度分析工作层面的培训需求。随着公司的发展壮大，对各个部门的要求不是一成不变的。公司发展对岗位工作的要求，既是分析培训需求时需充分考虑的一个重要因素，也是培训追求的一个目标，因此培训是一个循序渐进的过程，应该随着公司的发展而发展。

培训需求的分析还可根据工作分析的不同目的进行。根据分析目的的不同，工作分析通常可分为一般工作分析和特殊工作分析两种。一般工作分析的主要目的是使所有人都能很快了解一项工作的性质、范围与内容，并作为进一步分析的基础。特殊工作分析则是以工作清单中的每一工作单元为基础，针对各单元详细分析并记录其工作细节、标准和所需的知识技能。

3．人员层面的培训需求分析

人员分析是从培训对象的角度分析培训的需求，通过人员分析确定哪些人需要培训以及需要何种培训。人员分析一般需要对照工作绩效标准，分析员工目前的绩效水平，找出员工目前的绩效水平与工作绩效标准的差距，以确定培训对象、培训内容和培训后需达到的效果。

培训对象一般有担任某一职务的组织成员、以后将担任某一特定职务的组织成员和以后将担任某一特定职务的非组织成员（如公司的见习人员等）3 种。通常企业的培训在前两种对象中展开。培训需求分析主要是对员工的工作背景、学识、资历、年龄、工作能力及个性等进行分析。

（1）员工的知识。对员工知识结构的分析，不仅是为了准确地制定培训方案，更是为了充分利用各种有效的资源，从而使培训取得最大的经济效益。在对公司员工的知识结构进行分析时，一般从文化教育（如正规的学历教育）、职业教育培训（如社会办教育及业余教育等）和专项短期培训（如各类认证培训等）3 个方面进行。

（2）员工的专业（专长）。有些在公司里工作的员工并不是在从事自己专业（专长）的工作。进行专业（专长）结构分析主要应回答以下问题：有多少员工在从事与自己专业对口或不对口的工作，有多少员工在从事自己喜欢或不喜欢的工作，有多少员工认为自己有必要调换工作岗位，并认为这样会有更大的能力发挥余地。

（3）员工年龄结构。培训是一种投资，因此，员工的年龄越小，相对来说，企业预期的投资回收期也就越长。同时，年龄的大小和个人的接受能力有着非常直接的关系，因此，在培训需求分析时应考虑合理的年龄构成，并以此决定岗位的培训内容。

（4）员工个性。员工个性分析主要应明确：某一岗位的工作特点要求任职者具备什么样的个性。在不少工作中，员工个性不作为一个必须考虑的因素，但是在有些工作中，为了提高工作效率，就必须考虑员工的个性。例如，某人如果具有大大咧咧、易激动、情绪变化大、持久力不够等个性特点，则在一定程度上不适合要求稳重、细心和耐心的财务工作。

（5）员工能力分析。员工能力分析即分析员工实际拥有的能力与完成工作所需的能力之间的差距。例如，小王是一位出色的销售人员，但是自从他晋升为销售经理后，销售部门业绩有所下降，员工的抱怨也有所增加。经过能力分析发现，小王缺乏团队合作及协调、领导等方面的能力。

组织、工作、人员 3 个层面的培训需求的分析是一个有机的系统，缺少任何一个层面都无法进行有效的分析。在现实中，组织、工作、人员三方面的需求往往存在着一些区别，并且有一些交叉的情况。对一个组织来讲，确立培训需求应取组织整体、工作业务单位及个人三方的共同需求区域，并且这是组织培训的目标。其中组织培训需求（见图 4-3）。

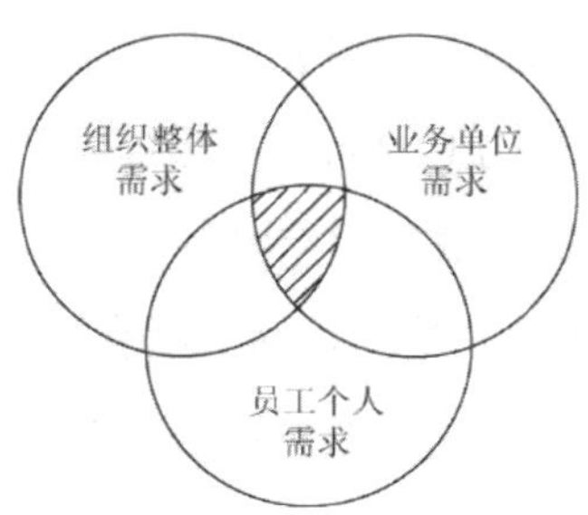

图 4-3　组织培训需求

（四）培训需求分析步骤

1．发现问题

培训是为了解决企业发展中的问题，这些问题一般来自于 3 个方面：①组织外部。由政策和环境的巨大变化、顾客的抱怨与不满或竞争对手的特定举措带来的问题。②组织层面。由于业务变化、新的标准或人员调整导致需要新技能，或根据未来的需要建立“技能”储蓄。③个人层面。可能存在的问题有效率低下，达不到标准的要求；员工敌意、懈怠、气馁、旷工、交流困难、服务质量出现问题；连续表现不佳体现的“技能差距”；需要深入学习技术；员工对培训产生兴趣，觉得有助于个人的发展等。

2．提出假设

首先，要对问题的严重性或培训必要性做出初步假设，即直观的判断。其次，确定需要在多大范围内进行培训需求分析。然后，判断培训需求分析的工作量。最后，要决定分析方法。

3．资料收集

首先，根据工作量、问题范围等确定资料收集的范围。其次，确定收集资料与培训风险防范的方法。最后，收集数据。收集公司经营目标等组织数据；职位说明书、员工个人资料等岗位（职位）资料。

4．需求分析

（1）要分析绩效落差。需求分析就是寻找绩效落差，也就是分析员工个人的绩效与岗位要求之间、与公司要求之间有多大的差距。

（2）确定落差的性质。并非所有的落差都可以通过培训加以消除，应分析清楚什么是运营上、机制上、机构上的问题，什么是职位说明书中存在的问题。只有真正属于员工个人自身原因造成的落差时，培训才是有必要的。

（3）明确企业的培训需求和培训目标。最终结果是形成需求分析活动草案。需求分析活动草案一般包括介绍、工作分析的背景知识和信息收集阶段需要做什么的描述，也包括分析遵循的方针及步骤，并且将这些步骤标准化，以便项目中所有的人能够以相似的态度提供他们的信息。另外，需求分析在描述过程中的信息应根据实际和特定的需求分析过程的不同而有所区别。

二、人力资源培训的组织实施

培训课程的实施是指把课程计划付诸实践的过程，它是整个培训项目的核心，是保证培训效果达成的重要环节。

（一）企业人力资源培训的影响因素

影响员工培训的因素主要有外部因素和内部因素两种。

1．外部因素

（1）来自政府方面的影响。在任何一个国家，企业员工的培训都受到政府的影响。例如，有些国家会明文规定，从事特定行业的任职人员，必须经过一定的专业培训才能胜任工作。

（2）国家的政策法规。各个国家，各个地区的政策法规都存在一定的差异，这些差异体现在相关的法律条文上，如要求企业禁止使用童工，不得侵犯少数民族的利益等，这些会直接影响到员工的培训。

（3）经济发展水平。某一地区的经济发展水平与该地区的人力资源需求量成正比，越发达的地区，对于人力资源的需求量会越高，因而这样的企业往往对员工的培训也会比较多。这是一种良性的循环，对员工进行培训，进而提高公司效益，在公司效益提高的基础上，又反过来不断加大员工的培训力度。但是在经济相对落后的地区，情况却恰恰相反。这也是企业在不同区域之间的经济水平不断拉大的原因。

（4）科技水平。一般来讲，科学技术水平的高低，也会直接影响着员工的培训次数。科技水平越高的公司，员工的培训会更频繁，这种更新换代比较快的公司，会将科学技术放在比较重要的位置，他们也更愿意不断加大对员工的投资力度。

（5）劳动力市场状况。劳动力市场的状况直接影响着企业员工的培训，一般而言，劳动力市场越充裕，人力资源也就越多，企业更可能会忽视培训；而当劳动力市场上的人力资源比较匮乏时，其质量也良莠不齐，因此，企业一般会加大对人力资源的培训力度。

2．内部因素

（1）企业发展前景与经营战略。企业在进行未来蓝图设计时，会对其员工素质能力有相应的要求，一般来讲，前景越远大，对员工的培训需求就越高；反之，一些没有远大经营战略的企业，会容易忽视员工的培训。

（2）企业所处的发展阶段。企业所处的发展阶段不同，对员工培训的要求也不一样。处于成长期和成熟期的企业，对员工培训的内容和数量会比较高；处于衰退期和退出期的企业，对员工培训的内容会相对减少。

（3）所在行业的特点。企业所处的行业不同，员工培训的状况也不相同。一些高科技产业，由于知识的更新换代比较快，因此，需要员工具备更加与时俱进的工作能力。

（4）企业内部员工的素质水平。员工的整体素质越高，他们会越希望增强自身的能力以不断适应工作的要求；但是一些素质比较低的员工，并不会追求职业的长远发展，会排斥培训。

（5）管理人员的发展水平。管理人员的发展水平是影响员工培训的主要因素。管理人员的水平越高，对员工培训的重视程度也越高，他们会不断增强员工面对瞬息万变市场的处理问题的能力，不断培养员工的各项能力和素质，使公司在市场竞争中利于不败之地。

（二）人力资源培训的类型与方法

1．培训的类型

（1）在职培训。在职培训是让职工在工作中学会做某项工作。一般地说，在职培训适合所有类别的人员，但比较而言，更适合于技术性岗位的技能培训。

在职培训的优点是在真实的工作环境和工作条件下进行的，并由经验丰富的人进行指导，能够使受训人直接掌握工作技能并提高工作能力；由于是通过实干来学习，职工能够快速得到反馈；培训的成本较低。

在职培训的局限性是在职培训有时可能会打乱正常工作流程，引发生产问题；正常的生产流程可能会限制在职培训活动，无法为受训人提供理想的培训环境。

在职培训通常是安排（新）职工跟着有经验的人边干边学，由这些经验丰富的人来实施培训。

其培训的方式有以下几种：

1)学徒培训。这是由经验丰富的技工以师父带徒弟的方式向新职工传授技艺。这是一种传统的培训方式，现在一般在需要手工技艺的工作中才使用这种培训方式，如管道工、理发师、印刷工、木匠、机修工等。培训期限取决于技艺要求。比如，机修工的学徒期为 4 年，模具工为 5 年。学徒培训效果取决于师父的技艺水平、传授方式和是否愿意把手艺传给徒弟。这种手工业式的传帮带培训不能满足现代社会对人才的大量需求。

2)教练。这是由一个有经验的工人或直接主管在工作岗位上对职工进行培训。教练的特点是一对一，一步一步地教。许多工作都可以分解成一系列有逻辑顺序的步骤，按部就班地进行学习。教练的过程通常是先向职工讲解，再做示范，然后让职工练习，观察职工的表现并纠正其中的错误。这种培训方式可以用于经理的培训。

在职培训是企业培养人才的重要途径之一，但有不少主管人员没有将培训下属看作是一项重要的管理职责，更没有养成对下属进行在职培训的习惯，他们或者偶尔为之，或者将培训责任推给人力资源部门或职工本人，自己埋头工作。企业应该将在职培训纳入管理系统，为主管人员提供资源及创造条件，安排他们接受训练技巧的培训，并将在职培训的表现列入绩效考核。那些在培养人才方面做出成绩的主管人员应得到企业的承认。

（2）脱产培训。脱产培训是让职工暂时离开工作岗位，集中一段时间学习的一种培训。培训的目的在于让职工掌握新知识和新技能，以选拔人才，或者是适应企业新业务的开办。脱产培训的特点是培训时间集中，主要通过教学手段和其他方式进行强化学习。根据培训的地点可以把脱产培训分为企业内部的脱产培训，指在企业设立的培训中心等机构进行培训；企业外部的脱产培训，指选送职工到国内其他大公司或学校培训和学习；出国培训，指选派职工到国外大公司或学校培训、学习和考察。

脱产培训的方式有以下几种：

1）技校培训。主要用来培训技能，指不在真正的生产岗位上，但使用与生产过程完全相同的设备进行的培训。例如，在培训中心安装车床，职工在中心学习车床的操作。这种培训方式可以使职工从一边生产、一边学习的压力中解脱出来，最能适应那些需要在岗培训，但让职工在实际岗位上接受培训又太危险或成本太高的培训要求。这种方法对培训在流水线上作业的职工也很有效，因为直接将新手安排在岗位上培训可能会降低生产率。

2）模拟培训。与技校培训十分相似，区别是使用的不是真实的设备而是模拟设备，包括从简单的机械装置的纸模型到企业整个环境的计算机模拟。例如，汽车、飞机的模拟装置等。虽然模拟培训在某些方面的价值不如在职培训，但它有不少优点，如安全、学习效率高和培训成本低等。

2．培训的方法

（1）课堂讲授。尽管一些人会认为在课堂上听课是十分无聊的事情，但是很多研究和实践经验表明，课堂讲授是一种十分有效的培训方式。课堂讲授可以用一种快速而简单的方式向一大群受训者传递知识。例如，销售人员会需要了解一些新产品的特性时。

课堂讲授的指导原则如下：

1）不要一开始就犯错误。比如，不要以一个不相干的笑话或者这样的话来做开场白："我真不知道为什么今天会被邀请到这里来讲课。"

2）给听众提供一些线索。例如，如果要讲一系列的问题，不妨这样开始：有四方面的理由可以说明为什么销售报告是非常必要的……首先……

3）关注听众的表现。注意一些听众的消极肢体语言，比如坐立不安或者交叉手臂。

4）在讲课的过程中要与听众保持目光交流。

5）确保房间内每个人都能听见你的声音。在回答受训者提出的问题之前，首先重复一遍问题是什么。

6）控制你的双手。养成把双手自然放在身体两侧的习惯。

7）根据一些要点来授课，而不是照着原稿读。在大卡片上或者幻灯片上写出几个清晰易读的要点作为授课的大纲。

8）把一段长的讲话分解成若干段 5 分钟时长的讲话。通常情况下，授课者会首先提供一个概要性的简介，然后再用 1 小时左右的时间逐个围绕解释材料中的内容。专家建议把长的讲话分解成一系列的 5 分钟左右一段的讲话，并为每段讲话做一个单独的简介。每一段的简介都要突出即将讨论的问题，比如，为什么这些问题对于听众来说很重要，以及你的资格——也就是他们为什么要听你的授课。

9）练习。如果可能的话，在与实际授课的环境类似的地方事先演练一下。

（2）程序化学习。无论是利用教材、电脑还是互联网，程序化学习（Programmed Learning）都是一种按照一定的步骤自学的培训方法，这种方法包括 3 个组成部分：①向学习者提出问题、事实或者疑问；②让学习者回答问题；③对学习者提供的答案的正确性进行反馈。

通常情况下，程序化学习会一个界面、一个界面地给出一些事实以及随后跟着的一些问题。当学习者回答完这些问题之后，下一个界面会对这些答案的准确性作出反馈。而随后出现的下一个问题往往取决于学习者是如何回答上一个问题的。

程序化学习的主要优点在于它节省了培训时间。它还允许受训者按照自己的进度进行学习，并且能够得到迅速的反馈，还降低了受训者出错的风险。但问题在于，学习者通过程序化学习所学到的东西并不比其通过教材学到的东西多。因此，你必须权衡开发程序化学习所需的程序编制成本，以及它在培训速度慢和学习效果并无优势这两个方面的缺点。

智能导师系统（Intelligent Tutoring Systems）使程序化学习向前迈进了一步。它是一种计算机化的更高级的程序化学习程序。除了程序化学习的传统功能，智能导师系统还能够发现哪些问题以及哪些方法适合学习者，哪些则不适合他们，然后针对特定学习者的需求提出调整学习顺序的建议。

（3）视听培训。DVD 光碟、电影、PPT 幻灯片以及录音磁带等视听培训技术正在被广泛使用。例如，福特汽车公司在其经销商培训中就使用了视频录像，以模拟在现实中可能会遇到的各种问题。

视听培训比课堂讲授的成本相对更高，但也更有其自身的优点。毫无疑问，视听培训会让人更有兴趣。此外，还应当考虑在以下情况下使用视听培训。

当需要说明如何按照一个特定的时间顺序来操作时，比如在培训受训者如何修理机器时。在这种时候，视听设备的暂停、及时重放或者快进、慢进等功能都会很有用。

当需要向受训者讲述的是通常的授课方式难以说清楚的事情时，比如虚拟的工厂参观或者心脏外科手术。

当整个组织所有人员都需要培训，而让培训师跑到每个地方去讲课的成本又太高时。

（4）技工训练。在技工训练中，受训者利用实际工作中需要用到的真实设备或模拟设备进行学习，但培训是在工作岗位之外的地方进行的（可能是在一个独立的房间里）。当在职培训的成本很高或者可能会很危险时，这种技工训练就很有必要。把新的装配工直接安排到生产线上作业可能会减缓生产速度。另外，考虑到安全问题——比如飞行员——这种模拟性质的训练可能就是唯一可行的选择。例如，美国联合包裹服务公司就利用一个与实际大小相仿的学习实验室，为将来做司机的求职者提供长达 5 天，共计 40 小时的模拟现实训练项目。

（5）远程培训和视频会议。远程培训是指一位培训师在一个中心地点，通过电视网络对身处异地的员工实施的一种培训活动。本田汽车公司一开始的时候利用卫星电视技术来培训工程师，而现在，它在美国俄亥俄州的分支机构则从国际科技大学购买一些研讨课程。国际科技大学是一家卫星教育服务提供商，它整合了众多大学以及一些专业化教育组织所提供的课程。

视频会议允许一个城市或国家的人与位于另外一个城市或国家的人或者位于多个城市的人群进行实时的交流。视频会议培训只需要有个人电脑上用的视频摄像头以及若干远程受训者就可以了，或者是干脆将众多的学习者召集到一个视频会议室来接受培训。在这种情况下，受训者可以通过键盘实现互动。

（6）电子绩效支持系统。人们不可能记住他们学过的所有东西。例如，戴尔公司每年引进的新产品数量大约为80种，所以希望戴尔公司的技术支持人员能够了解每一种产品的所有特性是很不现实的。因此，戴尔公司的培训主要集中在为员工提供他们在日常工作中所需的一些一般性知识上，例如戴尔公司的各项规章制度、文化和价值观以及各种系统和工作流程。而其他方面的知识，则会在这些员工需要时通过电子绩效支持系统传送给他们。

电子绩效支持系统（Electronic Performance Support System，EPSS）是一套能够自动完成培训、文档记录以及电话支持的计算机化的工具以及相关的显示设备。当你打电话给戴尔公司的客服人员咨询关于新电脑的问题时，他可能会按用电子绩效支持系统提示的问题来对你进行提问，然后你们两个人要一步步地进入一个问题分析程序。如果没有这种电子绩效支持系统，戴尔公司就不得不培训自己的客户服务代表去记住不计其数的电脑问题解决办法。安泰保险公司（Aetna）通过为呼叫中心的新员工提供电子绩效支持系统，将原来长达13周的由培训师亲自指导的培训课程缩短为2周。

电子绩效支持系统是现代化的工作助手。工作助手是指一整套能够在工作场所指导员工完成二作的各种说明、图表或一些其他类似的方法。工作助手对于那些包含多个工作步骤的复杂工作，或者遗漏一个步骤就会造成非常严重后果的工作特别有效。航空公司的飞行员就会使用工作助手（例如，在飞机起飞之前需要完成的所有事务的核查清单）。通用汽车公司的前电力事业部就以图表的形式为员工提供工作助手。这些图表指明了每条机车配线的走向以及不同颜色的电线接到哪里等事项。

（7）计算机辅助培训。在计算机辅助培训中，培训师利用基于电脑或DVD系统的互动方式来增强员工的知识或技能。

我们可以看到，计算机辅助培训现在变得越来越具有互动性和现实性。例如，互动多媒体培训就综合运用了文本、录像、图片、照片、动画以及声音来营造出一种可以与受训者进行互动的复杂培训环境。例如，在培训一名内科医生时，互动多媒体培训系统会让一名医学院的学生得到一份虚拟患者的病史，对病人进行检查，并分析各项检验结果。然后，通过点击“胸腔检查”按钮，该学生便可以选择一种胸腔检查技术，甚至可以听到病人心跳的声音。接下来，学生要对这种心跳声音作出解释，并得出诊断结论。虚拟现实培训又将这种培训的现实性向前推进了一步。

（三）企业员工培训的内容

中小企业培训的内容与大企业基本一样，有以下几项内容。

1．规范培训

（1）企业规范培训。企业规范方面的培训包括企业的规章、制度，企业的目标、历史，企业的文化等方面的内容。企业规范方面的培训主要是培养员工对企业的适应感和认同感，使之能自觉遵守企业的要求，将自己融入到企业中去。

（2）法律培训。中小企业在法律方面进行培训是非常必要的。首先，中小企业要依法运营。中小企业如果不遵守法律，可能会得到一时的便宜，但长期如此，企业经营一定会失败。其次，中小企业要对员工进行一些经济法规的培训，如《经济法》《票据法》等。这种法律培训可以规范企业的责任和义务，也可以赢得员工对企业的认可。

2．业务技能培训

业务技能培训是指对企业的员工合格完成自己的工作任务应该具备的知识能力和技术能力。无论对于企业还是员工个人，业务技能培训都具有很高的必要性。通常来说，业务技能培训一般包括以下 5 项：①业务知识学习；②先进理论的应用培训；③操作技能培训；④预期开展业务的提前培训；⑤管理技术培训。

3．思维意识培训

思维意识培训的主要目的是改变员工的工作理念和工作习惯，使之可以更好地适应企业的工作和时代的发展。思维意识培训主要有以下 5 项：①精品意识；②创新意识；③公关意识；④终身学习意识；⑤健康意识，包括身体健康和心理健康。

（四）企业员工培训的流程

1．培训需求分析与计划

培训需求分析是企业人力资源培训开发体系设计的第一个工作环节，也是整个培训开发流程的关键环节。如果企业在进行人力资源培训开发体系的设计时，对培训需求和培训计划的处理不规范、不细致，那么就会导致培训计划难以制订，使培训工作难以成为完整的系统，影响整体培训工作的开展。培训需求分析与计划系统包括两项基本功能。

（1）明确培训对象。

1）由于工作岗位发生重大变革，而需要对这一岗位的所有员工进行的技术、知识、能力等方面的培训。

2）由于员工个人原因，如适应岗位晋升需求等，需要对其进行专门的培训。

（2）制定培训标准。制定培训标准就是确定员工需要培训的具体标准，或员工培训后应达到什么程度的标准，这是保障整个工作流程能够顺利进行的基本保障。

人力资源培训开发的质量是判别企业人力资源战略目标是否能够实现的基础，为了保证企业人力资源战略目标的实现，企业需要根据自身发展的整体战略规划，在对企业进行科学的、有针对性的需求分析的基础之上，制订出一套完整的培训开发计划，一般而言，企业的人力资源开发计划主要包括 5 个步骤：①确定培训内容；②根据培训内容，选择培训的方式；③进行培训课程的设计；④确定培训时间和培训教师；⑤编制出培训预算和培训计划。

一般情况下，在培训计划的设计中需要对培训内容、培训时间、培训讲师、培训地点和培训人员等基本要素进行明确细致的规划，在这个过程中人力资源管理部门必须要考虑 4 种因素。

1）员工的参与。让员工参与培训计划制订，除了可以加深员工对培训的了解外，还可以增加员工对培训计划的兴趣和承诺，而且员工的参与有助于培训课程体系的设计更切合员工的需求。

2）管理者的参与。各部门管理者对于本部门员工的能力及其能力提升，需要培训的类型通常比计划制订者更清楚，因此决策者在进行需求分析和内容制定时有必要让这些管理人员参与进行，以提高所制定计划的科学性。

3）成本因素。培训计划必须符合企业资源限制，不切实际的培训最终有可能致使企业半途夭折。培训是企业的一种投资性行为，因为培训的效果与受训者本身有着密不可分的关系，企业必须对培训成本和培训效果进行合理的权衡。

4）培训的时间安排。在制订培训计划时，必须准确预测培训所需时间及该段时间内人手调动是否影响组织的正常运作。在确定时间后要及时通知需要进行培训的员工以及培训的讲师，并确认他们收到通知后会按时到达指定的培训地点。

企业员工培训计划表是人力资源培训计划中常用的工具（见表 4-1）。

表 4-1　员工培训计划表

培训编号：　　　　　　　　　　　　　　　　培训部门：

培训名称：									培训时间：　　至	
培训课程及负责人：										
课程	培训教员	培训时间	负责人	培训费用	课程	培训教材	培训教员	培训时间	负责人	培训费用
参加人员：共　　人					名单如下：					
单位	职务	姓名	学历	专长	单位	职务	姓名	学历	专长	
费用计算：	每人分摊费用：									

2．培训实施

培训策划书在获得决策者批准之后，企业人力资源管理部门应该全力为培训活动的开展做准备，以保证培训组织工作的顺利进行。

在培训活动实施的整个过程中，企业的人力资源部门结合既定的计划要做事前准备、过程控制，以及相关辅助活动的跟进和纠偏工作。另外，我们知道培训是一种交流性很强的交互式的活动。在培训过程中为了保证达到预定的培训效果，培训师要尽量做到以下 3 点：

（1）充分调动参训人员的积极性、主动性，以提高培训的效果。

（2）注意受训人员的反应，及时调整培训活动方案。

（3）如果培训活动时间较长，培训师可以利用培训活动过程的间隙，尽可能地与培训对象进行交流，了解他们对培训的看法，发现不足，以便培训活动方案的改进。

总的来说培训活动是一项庞大复杂的工作，培训师所负责的只是培训工作的一部分，除了他们之外企业还要配备相关的设备维护人员，安全工作人员和其他的工作人员。

3．培训效果评估

（1）评估标准。

1）反应。反应是指受训者对培训计划的接受程度。反应评估涉及的内容十分广泛，可以通过问卷、面谈、角色扮演、技能测试等方式来进行。

2）学习。学习是指受训者通过培训，在知识以及技能方面有多大提高。通常来说学习测试的形式主要是考试、实地操作等。

3）行为。行为是指受训者经过培训，自身行为及员工整体行为是否改变。一般来说，行为评估的主要形式是观察、问卷、面谈等。

4）结果。结果主要用来衡量企业是否因为培训而经营得更好。培训计划的结果评估的形式是成本降低、效益提高。

（2）效果评估。效果评估是指受训者达到的水平与培训的目标进行比较而评价成功与否的过程。一般通过对受训者完成培训的内容、达到的水平和技能的提高等方面进行检测，来进行效果评估，其主要途径有：①学员考核；②学员评论法；③学员收获列表；④承担业务考查法。

（3）效益评估。效益评估是指企业在完成培训工作后，对受培训员工的工作变化以及这些变化给企业带来的变化的评估。效益评估是一项十分专业并且复杂的工作，这主要是因为员工在工作上的变化在短时间内难以直接体现到企业效益之上。但尽管如此，企业还是应该对培训的效益进行评估，因为员工行为的改变对企业效益的影响，专业人员是可以对其做出预测和评估的，另外企业也需要根据评估结果检验培训方法是否有效。就现阶段的企业培训而言，进行效益评估时，要考虑以下 5 项：①受训者是否有意识地应用培训内容；②受训者的技能水平和熟练程度是否提高；③受训者的业绩是否提高；④受训者是否士气高昂、信心十足，精神饱满；⑤受训者是否更清楚自己在企业中的位置和预期变化的轨迹。

（五）企业员工培训的实施

1．培训准备

（1）落实场所与设施。培训场所的基础设施是否健全会对培训效果产生很大的影响，比如在缺少多媒体设备的条件下，培训师的教学效果会被大幅度削弱，所以培训管理人员在进行场地的选择和布置时一定要慎重。特别是在利用外界的培训场所时，对场地的大小、通风、空调、噪声、安全等必须做详细的检查。

（2）通知培训对象。培训不仅需要组织管理人员进行准备，参加培训的员工也要事先对培训的基本内容、课程安排、培训目的、培训时间、培训地点等基本的培训信息有所了解。这样可以方便被培训的员工对自己的活动日程进行调整，也使他们对培训内容和培训主题有所了解，可以最大限度地保证培训效果。培训部门在可能的情况下，应准备一些相关的资料在课前发给培训对象，最好在培训前 10 ~ 20 天分发给参与培训的每一个员工。在培训正式开始前 2 天，组织管理人员要再次确认培训对象能否参加培训。

（3）联系培训导师。培训需要哪方面的专家，企业要根据培训的内容和目的尽早确定，这样可以让培训导师有充足的时间根据企业的培训内容、培训要求对自己的教学方式进行及时的调整，并拟定培训大纲，交由企业进行审核。培训管理人员在对培训师提供的大纲进行审核时，主要应关注其内容是否完整、重点是否突出，同时要注意培训师之间所培训的内容有无交叉、有无遗漏。另外，对接送培训师的时间和方法、食宿的安排、酬金的支付，以及培训师对教材、教室、教学器材、座位的安排等有何要求也要提前沟通好，方便执行。

2．培训课程讲解

在大多数企业中，培训负责人要亲自进行课程讲解。其形式主要有课堂讲授、媒体教学、组织讨论和解答疑问等。

（1）课堂讲授。讲课往往是培训负责人的重要工作之一，也是培训负责人显示工作能力的重要途径之一。经验丰富的培训负责人可以轻松地将课程内容进行拆分讲解，并通过讲授－活动－总结的课程教授循环来避免培训对象感到乏味，也使其有足够的时间消化吸收。一般来说，培训负责人在设计课程内容时，会把自己放在培训对象的位置上，通过换位思考科学确定教学内容。负责人或者培训师讲课过程中，可以借助一些辅助设备让自己的讲解更明确、更生动，帮助培训对象理解重点，并使他们集中注意力。

（2）媒体教学。媒体教学是指课程的内容通过普通的口头讲授很难真正的让学习对象理解，必须要通过录像、幻灯片等媒体教学手段的传授才能取得良好的效果。但是，这时要避免学员陷入被动的“看电视”中，其方法是尽量使多媒体教学成为双向的交流，通过讨论提高教学效果。

（3）组织讨论。组织讨论是课程讲解的重要手段之一，其主要方式有以下两种：

1）正式的讨论，即在课程讲解计划当中安排正式的讨论。例如，培训负责人可以先发给大家有关的阅读材料和一些书面问题，让其做准备，然后就这些问题进行讨论。

2）非正式讨论，即在课程讲解计划中没有正式安排，而在培训过程中随时进行的讨论，以此来检查培训对象的掌握情况，鼓励其更多地参与到培训中来。

（4）解答疑问。在培训师的课程讲解完毕之后，一般都会安排疑问解答的环节。培训负责人应该事先做好准备，对可能出现的提问进行必要的思考，这样可以保证自己在解答疑问中的回答质量。

3．培训课程管理

（1）上课前的准备工作。

1）上课前与培训师的联系。培训的实施都是有计划的、有方案的，执行人员应该按照事先的课程设计进行内容讲解，因此培训主管一定要与培训师和培训对象进行沟通，保证培训工作按照既定计划顺利进行。

2）培训教室及设备的检查。培训主管有义务确保培训场所的清洁，以及座位布置的准确无误。一般来说，负责人在培训开始前要对教室座位的多少、教学器材和教学设备的基本状况，尤其是对多媒体设备，如投影仪、电脑、麦克风、白板笔等物品进行仔细的检查和检验。

3）合理安排与布置座位。如果培训对象的座位没有固定，培训对象常会坐后排，前排座位容易成为空席，这时要引导培训对象到前排就座，先让前排的座位坐满，这样有利于营造培训的气氛。

4）培训师休息室的安排。通常培训组织方都会在教室附近安排一间房，供培训师休息使用，并对其中的卫生设备等事先进行检查。

（2）上课中的管理。

1）爱护教室环境。培训需要一个良好的外部环境，因此培训的组织和管理人员要关注来自道路的汽车声、施工噪声、其他培训班的声音、走廊的脚步声、谈话声等，如果噪音太大且无法消除，那么应该更换场地。

2）外来电话的应对。在课程进行当中，无论是出于对授课老师的尊重，还是出于对课堂氛围的维护，原则上外出接电话这种行为是予以禁止的，但如果确实有特殊情况，大家也都会表示理解。电话尽量简短，如果没有紧急事务可将对方的姓名、单位、事由等记录下来，等下课后再交给培训对象。

3）注意上课情况。培训主管在进行课堂纪律维护的时候，应注意在听课过程中有无打瞌睡的人。培训对象打瞌睡不仅仅是授课内容或授课方式的原因，也与培训对象有密不可分的关系。当然，无论是出于什么原因，出现这种情况都是对培训资源的浪费，因此主管人员要采取适当的方式，提醒培训对象注意。

4）上课禁止吸烟。休息时间可到规定的场所吸烟，并要求培训对象将烟蒂、空杯子等放到指定的地方。

5）旁听讲课。培训主管及工作人员要尽量去听课，这样做主要有两方面的作用。①培训主管和工作人员通过旁听可以了解培训师的教学情况；②培训主管和工作人员通过旁听可以观察培训对象的反应，以便及时与培训师沟通，改善教学方式和教学手段。

6）培训师的食宿安排。培训师要控制好自己的用餐时间，一般来说不宜过长，因为必要的休息有助于教师更加精力充沛地投入到培训工作之中。另外，培训教师在晚饭后的喝酒和娱乐活动要适度，最好是不要进行这些活动，否则会影响到第二天的培训任务；和培训师聊天的话题要以其关心和关注的问题为主。

（3）下课后的收尾工作。

1）在培训师讲课结束时进行归纳。培训主管在培训师授课结束后，对培训师的讲课进行简要的归纳，并对培训师的付出表示感谢。

2）与培训师交换意见。就培训师通过讲课与培训对象的接触，以及在上课期间对企业的感受，虚心听取培训师对企业工作的意见，并将其记录下来。

3）送培训师。将培训师的讲课报酬付清之后，培训组织人员应对其表示谢意，然后按原定的计划将培训师送走。

第二节　核心人力资源的开发

无论是在何种性质的企业之中，核心员工都有着举足轻重的作用，所以加强对核心人力资源开发与培训，不仅是企业人力资源开发的重要环节，而且对企业的长久发展而言，也有着极为重要的意义。

一、企业核心人力资源开发的概念

越来越多的企业将重视企业核心人力资源的开发。了解员工开发的概念、特点对于有效地开展员工开发的活动具有重要意义。

企业核心人力资源是指为管理者未来发展而开展的正规教育、在职体验、人际互助等活动，以及在学习型组织中为员工未来发展而开展的各种开发活动。

二、企业核心人力资源开发的特点

企业核心人力资源开发的对象是在职员工，其性质属于继续教育的范畴。其具有以下特点。

（一）广泛性

员工开发的涉及面较广，首先，是有关开发的对象基本上是全员的，不仅需要对管理者进行开发，而且也需要对一般员工进行开发。其次，是开发的内容涉及员工的知识、能力、潜能、技能、观念、态度等多个方面。最后，是员工开发的方式方法也多种多样。

（二）实用性

实用性是指员工开发活动应当产生一定的回报。员工开发系统要发挥其功能，即开发成果转移或转化成生产力，并能迅速促进企业竞争优势的发挥与保持。首先，企业应设计好开发项目，使员工所掌握的技能和更新的知识结构能够适应新的工作。其次，应让开发对象获得实践机会，使其有机会将新的知识、技能应用到实际中去。最后，为开发成果转化创造有利的工作环境，构建学习型组织。它是一种具有促进学习能力、适应能力和变革能力的组织。

（三）长期性

长期性是指随着科学技术的日益发展，人们必须不断接受和学习新的知识和技术，任何企业对其员工的开发将是长期的。企业需要制定员工开发的长期目标，并将长期目标分解为中短期的、更为具体的目标。

（四）协调性

对员工进行开发，是一个系统性的工程，这就需要开发活动的各个环节之间进行相互协调，以保证整个系统的正常运转。对员工的开发，首先，要着眼于企业的经营战略，在此基础上，确定开发的对象和开发的内容。同时，要结合企业发展的规模，发展的方向以及发展的速度，确定对那些员工进行开发。最后，要准确计算好开发的员工人数，合理地开展开发行动。

三、企业核心人力资源开发的原则

（一）以业务现实环境为基础开发新思想

在成年人理解他们为什么应当学习时，他们会更乐于接受他们所应当学习的知识。例如，人力资源专业人员一直将其职业生涯用于从事管理工作（比方说薪酬或福利），如果他们认识到并接受将外包和技术作为完成其传统工作的手段，以及要求其作战略贡献的新工作要求，他们就会更愿意了解新的工作任务。

（二）注重应用性

注重应用性。从事劳动的成年人更感兴趣的是理论如何能帮助他们工作而不是理论本身。因此，人力资源专业人员更感兴趣的是人性以及激励理论对建立一种能使员工注重高附加价值工作绩效和行为的薪酬体系的意义，而不是该理论本身。他们必须了解作为形成管理风尚所依据的理论，但是只有在这种理论与其所带动的行动一起展现出来的时候，他们才能最充分地吸收这种理论。

（三）通过多种渠道提供信息

成年人通过阅读、聆听、观察、看录像、研究案例或实际案例分析、角色扮演、讨论等方式来学习和改变自己。参加学习者可以通过面对面的方式学习，也可以通过远程的方式学习；可以单独学习，也可以集体学习。人力资源专业人员开发课程必须使用各种学习技术手段，便于所有学员都能真正参与学习。

（四）认可不同的学习风格

大部分成年人都有自己的学习风格，或更中意的学习方式。创造型领导力中心归纳出主动型、反应型、寻求建议型以及情绪型等 4 种成年人学习风格。该中心还发现，在提供符合其自身风格的特定材料时，人们学习的效果最好。因此，人力资源专业人员开发计划必须有一定的弹性，以便适应学习者的多样化学习风格；同时，这些计划还必须能将个人特点与开发方法匹配起来。

（五）制定计划要因人而异

成年人如果认识到自身的长处和短处并且制订了切实可行的个人改进计划，其就能得到长进。但是，诚实的评价总是难以得到的。坦率、公开的反馈很少，因为人们总是偏向于控制着信息。有益的评价也是难以给出的，因为很少有人能准确地领会正好需要的信息。而且，信息是难以解释的；大部分信息接收者通常对奇闻轶事反应过度而对行为模式却反应不足。很少有人真的想知道自己的短处。一个人力资源专业人员开发计划应当始于诚实的自我评价并认真地考虑所有可能得到的反馈。

（六）要有明确的目标

知道自己想得到什么的成年人觉得更容易集中注意力。在制定专业人员开发计划的过程中，你可以将自己与别人进行比较，与企业战略要求你具备的胜任能力进行比较，与你的上司及其他客户对你的期望进行比较，与你所认为的人力资源专业发展方向进行比较。这些比较结果能界定你的未来，使你能够确定应当将精力集中到什么方面。一种清晰、精确的未来愿景能成为一种真正的指南针，指导 3 个层面的活动：什么人力资源管理战略能使人力资源部为组织贡献最大价值？什么人力资源管理活动能实现人力资源管理的价值？人力资源专业人员必须扮演什么角色和具备什么能力才能实现目标？人力资源专业人员开发计划只有将这些要素都纳入其中才能提供切实的指导。

（七）构建尊重取得收获

成年人从他们所尊重的人那里学习最有效，缺乏可信性的教师最终会缺乏影响力。如果这个学习过程是为了分享经验和见识的话，人力资源专业人员从同事那里学到的东西可以与从专家那里学到的东西一样多。一个有效的人力资源专业人员开发计划包括同事分享的论坛以及由具有实际经验的教师讲授课程。

（八）营造一个友好的学习环境

在成年学习者从所提供的资料得出他们自己的结论时，他们就会付诸行动。他们通常很不喜欢传统的学校教室，因为在那里只有教师教、学生学，这使他们很恼火。人力资源专业人员需要一种非正式的、双向的、非传统的、提问多于指示的学习环境。

四、企业核心人力资源开发的方式

（一）学习型文化的员工开发

这一开发方式的立足点是企业的核心人力资源的开发目的，企业之所以要进行人力资源的开发，最终就是要在公司内部达到一种全员学习的文化，在这样的氛围中，就要不断提高员工的学习能力和创新能力。通过学习来构建企业文化，主要是从观念的转变入手，在观念改变的基础上，进行有关培训机制的建设，然后根据员工的个人特征，对其工作的潜能进行开发的科学设计，并有效利用开发的结果，进而在公司内部形成一种学习型的企业文化，以此不断引导员工的开发行为。

（二）多层面的员工开发需求评估

目前，我国的核心人力资源开发之所以未能取得令人满意的结果，最重要的一个原因就是缺乏系统正确合理的评估分析。要做好开发需求评估，就要从公司整体的发展战略层面以及员工的自我发展这一层面来进行分析。

通过不断分析公司的整体发展战略，确定需要何种技能、何种素质的人才，进而保证企业的开发计划符合公司的整体发展目标。就员工层面而言，对其进行开发，就是要将目前的工作绩效与企业的员工绩效标准进行比较，进而找寻两者之间的差距，针对这些差距进行合理高效的开发。

（三）深度开发

开发的内容会影响开发的结果，开发的结果有直接关系到企业的发展。但是在实际的企业发展过程中，许多企业的开发仍然停留在表面上。现代市场中的企业，要求员工在工作过程中，摒弃传统的工作态度，要积极自觉承担相应的工作任务，在做好自身工作任务，掌握各项工作技能的基础上，立足于企业的未来长远发展。唯有如此，才能在工作中富有协作的精神，不断取长补短，提高整体的工作效率。

企业的深度开发是一个长期的，与企业的发展愿景、发展战略和发展目标相互吻合的开发。同时，企业的深度开发还应对开发结果进行科学、严肃的考评。根据员工的最终开发结果来进行绩效奖金的发放，并且要对开发的方式进行积极反馈，借以激励员工的工作热情，在内外部环境因素发生变化时，要根据需要不断调整开发的战略。

五、企业核心人力资源开发的内容

（一）管理人员培训的开发

管理人员是企业的战略性关键人才，也是外部市场上的稀缺人才。管理人员的培训从何着手，培训什么内容，人力资源部门对此既很重视也很为难。这是由管理人员的特点决定的，管理人员对管理课程的内容和授课教师的要求较高；管理人员的培训需求是多种多样的，个性化需求较多；管理人员的任职能力状况参差不齐，培训效果和目标不易统一界定。因此，通用的、标准化的培训课程，很难满足管理人员的需求。管理人员的培训主要有以下 3 项内容。

1．综合管理知识的培训

随着全球化进程的加快，全球经济一体化的趋势也越来越明显，面对激烈的市场竞争，企业如果想保持足够的竞争力，必须保证企业管理人员的活力，不断提高他们的管理能力和管理水平。就我国目前的企业管理人员而言，大部分都是在经营管理中摸索出来的，很少有人接受过系统的综合管理知识的培训，管理理念和管理方式与发达国家的企业管理人员还有一定的差距。

管理是一门艺术，所谓的综合管理知识更是包罗万象，如哲学、经济学、法学、管理学、心理学、社会学等方面的知识。就目前而言，针对管理人员的高层次培训，除了参加 EMBA（高级管理人员工商管理硕士）班之外，还可以委托知名管理学院，为企业管理人员量身订制管理课程。最重要的是，管理人员能结合自身管理实践，主动性自学或选择性参加外部课程或讲座。

2．管理技能方面的培训

管理技能培训有基础管理技能培训和战略管理技能培训两个层次。

（1）基础管理技能培训。一般来说，基础管理技能包括管理人员对企业的日常工作做出的计划、协调、人员安排、管理授权、工作激励等。基础管理技能是管理应该具备的基本素质，也是衡量其岗位胜任素质的基本参考项目。

（2）战略管理技能。战略管理技能主要包括管理人员对战略的分析、战略目标的管理、组织机构的改善和变革等。战略管理是管理人员综合素质和管理能力的体现，这种能力对于高层管理人员尤为重要。

一般而言，高层领导的培训企业都会委托专业的培训机构来进行，委托机构在设计此类培训课程时，与企业应该保持紧密的联系和交流，以便于委托机构进行培训课程的设计时充分结合企业实际，进行针对性强、个性化十足的管理能力课程开发。另外，在进行管理人员培训计划和课程设计时，培训管理和设计人员应该走近企业实践，寻找素材、编写案例、研讨案例，使管理人员更容易理解和掌握相关管理技能。

3．思维方式方面的培训

独特的思维方式和大局观是企业管理人员区别于员工的最大特点，因此形成正确地认识问题和分析问题的思维模式对管理者来说是十分重要的事情。对任何企业而言，管理人员的变动都会给企业带来或大或小的影响，因此打造一支有管理智慧、长期稳定的管理团队，对企业来说具有极为重要的战略意义和价值。

对于思维方式来说，我们很难评判高下与对错，任何思维过程和思维方式都有其存在的合理性和积极性，因此，此类课程的开发设计必须找到一个合适的切入点，否则很难下手。在目前看来，组织管理人员相互交流各自的想法和思维方式，以及组织管理人员，学习与研讨中国传统文化中的管理思想，是企业进行管理人员培训、开阔管理人员视野的主要方式。

在对不同层次、不同管理水平的管理人员进行培训时，企业应分析判断目前管理人员的工作状况，根据具体情况做出上述培训的基本规划。如果管理人员基本功比较欠缺，那么企业必须集中精力做综合管理知识和基础管理技能的培训，再逐步增加思维方式等方面的培训；如果企业的战略眼光和管理能力比较差，企业应该在继续完善和补充其知识层面和结构的基础上，有意识地加强对他们战略眼光的培训和训练。

（二）骨干员工的开发

1. 骨干员工的确认

（1）骨干员工的价值及特点。骨干员工是指相对于普通员工具有劳动力稀缺性和高度的企业价值性的企业员工群体。具体来说，骨干员工的稀缺性主要表现为现阶段劳动力市场上的同类人才数量较少，可替代性较差，相对于普通员工企业需要花费更大的代价才能得到。骨干员工的劳动价值要高于普通员工，因为其创造的价值远远大于普通员工，并且对于企业战略目标和企业战略实现作用更大。骨干员工与普通员工的价值对比（见表 4–2）。

表 4–2 骨干员工与普通员工的价值对比

特点指标		员工类别	
		骨干员工	普通员工
劳动力稀缺性	可替代性	弱	强
	招聘成本	高	低
	重置培训成本	高	低
企业价值	收益/成本	高	低
	实现战略目标重要性	高	低

骨干员工与普通员工相比，具有以下特点：

1）具有较高的知识或技能。骨干员工的劳动能力和知识水平很高可以更好地为企业的发展提供新的动力，而且在他们从事的领域内，其对于该领域的研究和认识比普通员工更为透彻、深刻，其所掌握的知识或技能是企业的核心竞争力之一。

2）对企业的发展至关重要。随着知识经济时代的到来，人才对企业发展的作用越来越重要，企业的骨干员工由于掌握着企业所需要的关键资源，他们的工作影响着整个企业的发展方向和发展战略。从某种意义上来说，如果企业的骨干员工的流失率比较高，那么企业很可能会因此而停滞不前，因此，我们应该认识到骨干员工对企业发展有着至关重要的作用。

3）有较强的不可替代性。骨干员工不仅工作经验丰富，知识层次较高，而且还占据着企业很多关键的劳动岗位，在工作中他们往往可以把企业积累起来的关键资源，如技术、信息、顾客关系等个人化。因此，他们的转移（升迁、跳槽、退休、死亡等）对企业的影响很大，极有可能使企业在短时间陷入到一种工作上的不利状态，并且其补充者的招聘成本和培训费用也会很高，如果是一些特别关键的骨干人员发生转移，严重的可能使企业业务停滞，引起技术支持断档等重大企业危机。

4）具有较高流动性。企业的竞争主要表现为人才的竞争。骨干员工是企业参与市场竞争、保持或提高竞争优势的法宝，也就必然是各大企业之间争夺的对象。骨干员工自身的特点决定了他们有能力接受新工作、新任务的挑战，拥有远远高于普通员工的职业选择权，容易寻求新的发展机会，所以，骨干员工比普通员工有更高的流动性。

（2）骨干员工的确认。骨干员工大约应占员工总数的 10%～20%，他们对企业的发展却有着至关重要的作用。因此，如何在竞争激烈的人才市场留住和培养骨干员工是企业必须要面对和解决的一个人力资源管理问题。对于骨干员工的确认，企业的人力资源管理部门需要根据员工从事的工作对企业战略发展的价值、工作难度的大小，以及工作性质与企业核心竞争优势的关联度，并参照工作评价体系，例如工作责任、工作强度、工作复杂性、所需资格条件等进行综合评价。通常来说，在确定骨干员工的过程中，企业应先确定工作岗位的相对价值，根据其对企业核心竞争力影响的大小找出企业的关键岗位，然后结合员工个人绩效考核结果，最后确认骨干员工的候选人。一般情况下，那些所在岗位相对价值较高，个人工作绩效高的员工，可以确认为企业的骨干员工，需要企业进行悉心的培养和拉拢，保证其能够留在企业并保持自己高水平的工作能力。

2．骨干员工的角色意识培养

骨干员工一般具有很强的业务能力和自我管理能力，个性较强，而且很多人还有着较强的个人魅力与影响力，他们往往进取心强，勇于承担责任，追求卓越，希望在企业中获得更多的发展空间，对企业和个人未来的预期都比较高。他们为企业创造了更多的价值，企业也给予他们更多的回报。但是他们容易对自己的境地和待遇不满，遇到挫折会认为得不到团队的支持，他们对工作环境的影响、人际关系冲突、市场诱惑力都比较敏感。如何留住骨干员工一直是企业人力资源管理的一项重要内容。因此，在建立对骨干员工激励和管理机制的同时，还必须加强对骨干员工的培养，明确其骨干员工的角色意识和责任，继续提升其核心价值能力，帮助他们与其他员工建立起和谐的人际关系，提高其对企业的忠诚度，让其更好地在组织中发挥作用。

（1）帮助骨干员工进行职业规划和职业管理。在骨干员工当中，一部分人希望通过自己的努力晋升为企业的管理者，而另一部分人则更希望在自己的专业上获得提升。因此，面对不同类型和不同发展需求的骨干员工，企业应该建立针对性职业管理机制和职位晋升体系，来满足不同价值观员工的需求。例如微软公司采用的双重职业路径，微软为了留住企业顶尖的技术人才，曾采取将技术过硬的技术人员直接推到管理岗位上的方法，但该方法对于那些只想待在本职位而不愿担负管理责任的技术人才来说并没有什么吸引力。面对这种情况，为了留下更多的技术人才，他们在技术部门建立了正规的技术升迁途径，承认他们并支付相当于一般管理者的报酬。在采取这两种措施的同时，微软为不同的职业部门之间建立起工作能力可比性，促进员工间的良性竞争，还在各个专业设立起“技术级别”。他们设立的这些级别既可以直观地反映技术人才在公司的表现和基本技能，也能反映出员工在微软的工作经验和阅历。这一职业管理方案的推行就迎合了那部分核心技术人才的需要，也提高了他们的忠诚度。

（2）增强骨干员工企业文化认同，提高其忠诚度。企业文化是企业在长期发展过程中形成的，它是企业精神的重要体现，也是企业员工共同认可的价值体系，并可以作为企业长期的同理想、价值观念和行为准则来坚持。企业文化看似是一种十分“虚幻”的企业构成要素，但是员工对这种要素的认可，可以强化员工的向心力和凝聚力，提高员工对企业的忠诚度，在其激励下，员工会迸发出强烈的工作欲望和工作热情。通过前面的描述和介绍，大家已经知道骨干员工具有很强的流动性，因此，要想留住员工，除了提供公平、合理且具有激励作用的薪酬、福利，尊重骨干员工的个性因素外，也要充分利用企业文化对员工的激烈和吸引作用，在企业管理中让骨干员工更多地参与企业的决策，了解和接纳企业文化和价值标准，化企业愿景为个人愿景，使企业文化得到骨干员工的认同，从而激发企业骨干员工自发、长久的奉献精神，为企业的稳定发展提供保障。

（3）适当下放决策权。一般来说，骨干员工具有较强的自主性，他们对自己的价值和工作有一个客观的认识和评价，因此他们往往强调工作中的自我引导，而不愿意过多地受到外力的影响，因为他们认为自己有能力做出正确的决策。针对骨干员工的这一特点，企业可以给予骨干员工一定的经费、人员、资源等管理支配权和发展、研究方向的决策权，给予其一定的自由，为他们发挥自己的才能创造一个宽广的平台。在这个自我实现的过程中，他们的自信和能力得到了体现和尊重，亦获得了愉悦的成就感，这对于促进他们的忠诚度和工作热情具有十分积极的意义。当然，我们应该意识到权力是把双刃剑，因此我们说要对骨干员工下放权力，并不是完全地、彻底地将权力交给他们。一般来说，企业对于技术决策权下放的程度比较高，因为骨干员工的业务能力和知识水平都具备这个能力，而管理决策权和战略决策权下放的程度应该低一些。适度决策权下放主要是为了防止部分骨干员工居功自傲，防止企业对某个骨干人才过分依赖，对企业发展造成危害。

（4）建立企业与骨干员工之间的“契约”关系。骨干员工自身的能力和特点决定了他们的个人价值，如果处理不当，往往造成企业对骨干员工的过分依赖，也容易使这些骨干员工产生骄傲自满的情绪，使企业的雇用成本过大，甚至造成骨干员工因个人意志膨胀而做出有损于企业利益的事。因此，对于骨干员工角色意识的培训在强调其核心作用的同时，也要防止负面影响，包括建立相关的骨干员工替代机制和利用相关的法律手段加强对骨干员工的约束，譬如企业与骨干员工事先签订“竞业禁止”协议和保守商业秘密的协议等，这些约束和限制同样有利于让骨干员工明确自己的角色和责任。

3．企业骨干员工创新能力开发

创新能力是指人在顺利完成以原有知识、经验为基础的创建新事物的活动过程中表现出来的潜在的心理品质。创新能力可以教人学会创新思维、教人如何进行创新实践、教人解决遇到的各种现实问题。下面我们重点关注影响企业员工创新能力开发的因素，以及由此得出的开发员工创新能力的有效途径。

（1）影响企业员工创新能力开发的因素。总的来说，影响员工创新能力的因素可以分为两种：①员工内在因素；②外部环境影响。有报告显示，与其他激励方式相比，以金钱作为激励手段能够使工作效率提高最多，达到30%左右，因此，金钱在员工鼓励中虽然不是万能的，但是确实是一种不能忽视的激励手段。除此以外，其他的非经济因素（发展空间、同事关系、企业文化等）也对创新能力的开发具有重要作用。例如，企业可以设计一种个人职业生涯发展系统，通过与员工的沟通安排个人的职务晋升等，让员工不断地成长。

现在，由于技术和管理创新的复杂性，很多创新活动仅仅依靠某一个员工很难完成，大多数情况下要通过团队合作才能实现，因此企业在对骨干员工进行激励的时候，不仅要考虑到对骨干员工在创新方面起到的作用进行激励，还应该注意对其所在团队的激励和肯定。

1）内部因素。内部因素包括员工本身的性格、爱好、价值观等。对于骨干员工来说，他们的知识水平可以为他们的创新能力提供有力的保障。通常情况下，骨干员工都具有不错的创新能力，而且他们性格中自信、开朗、激情等良好的性格特点，表现在行为的动力、风格和活动效率上对创新活动的实现和完成具有重要的作用。良好的性格对员工的创新能力具有很大的促进作用，如工作态度勤奋、控制力强、自信等。相反，懒惰、消极的情绪对员工的创新能力起着抑制作用。

2）外部因素。外部因素包括企业文化环境和工作氛围。如果在企业文化中认可、重视员工创新能力的开发，制定了相应的创新奖励制度，员工就更容易受到鼓舞，就会更积极地进行创新活动。

（2）开发员工创新能力的有效途径。

1）增强员工的危机意识。微软公司的创始人、前任董事长以及首席执行官比尔•盖茨曾经说过："我们的成功取决于创新，微软距离破产永远只有 18 个月。"无锡小天鹅股份有限公司总裁方洪波也指出："企业最好的时候，也就是最不好的时候；产品最走红的时候，也就是滞销的开始。"企业员工感受到工作的压力，有了危机意识，才能主动地进行创新活动，创新能力才能得以提高。

2）建立有效的激励制度。企业需要建立一种有效的、合理的激励制度，发挥制度的引导功能，使员工自觉提高自身的创新能力。这种激励制度包括奖金激励、员工声望和地位的改变等非经济激励手段。

与其他激励方式相比，以金钱作为激励手段能够使工作效率提高最大，达到30%左右，因此，不能忽视这种激励手段。除此以外，其他的非经济因素也对创新能力的开发具有重要作用。例如，企业可以设计一种个人职业生涯发展系统，通过与员工的沟通安排个人的职务晋升等，让员工不断地成长。

现在，很多创新要以团队合作才能实现，因此在激励时不仅要考虑到对员工个人的激励，还应该注意结合对团队的考核和激励。

3）营造员工创新的工作氛围。企业要营造鼓励员工创新的工作环境。员工在这种工作环境中能够按照自己的性格特点、专业优势、兴趣爱好从事自主性的创新工作。同时企业对员工创新活动要进行保护并对其进行正确的引导和鼓励，使员工在相互影响和激励中将自己的创新行为纳入企业整体的创新过程中，为企业的发展做出贡献。

企业鼓励员工创新，还要允许员工犯错误，只要不犯重复的错误或者无可挽救的错误，那么企业还是应当给予继续创新的机会，使员工在错误和挫折中尽快成长。

4）构建有效的能力开发机制。通过各种创新能力的开发活动，企业可以提高员工的创新能力，为企业制度创新和核心竞争力的构建奠定坚实基础。企业为员工提供各种开发活动，必定会提高企业支出，但是，从长远来看，它可以大幅度提高未来收益，所以对员工进行开发是必要的。创新行为来源于企业员工的创新思想，来源于员工的创造力，来源于员工的整体素质，在人的整个一生中，学生时期只能获得所需知识的 10%左右，其余 90%的知识都要在工作中不断学习来获得。在开发过程中，企业可以帮助员工树立创新意识，培养员工创新智能，并提高员工的学习能力。

4．骨干员工培训的方法

对于骨干员工的开发，企业应该尽最大的努力去做好，因为骨干员工竞争力的提升可以有效增强企业的核心竞争力，为企业经营目标的实现打下良好的基础，也有利于将员工个体目标与企业战略目标进行整合和统一，满足员工个体的自我发展的需求，提高员工的组织归属感。同时，骨干员工开发与员工继任计划相结合，还可以有效地降低因骨干员工流失给企业造成的风险，保证企业的稳定发展。一般来说，骨干员工开发的方法与普通员工培训方法大体一致，管理人员候选人应该进行合理地把握与运用。

（1）授课与讨论相结合的训练法。授课与讨论相结合的训练法指将公司内的骨干员工集合起来，每 5 个人分为一组，采用 3 天集体住宿、共同上课、共同讨论的方法明确骨干员工的行为准则、目标定位，最后从中级(部门)经理至高级经理层中，收集对骨干员工职责、任务的期待，与其个人的想法相协调，通过科学的分析和对比得出科学的结论，并通过这种形式让骨干员工了解组织对他们所担任角色的期待和标准，增加其对在企业发展的信心和动力。通常情况下，为了将骨干员工训练成高效型的企业目标的执行者，应重点培养他们具备以下几方面的基本素质：

1）通过对骨干员工的培训，使其建立起较强的自我控制和约束能力，对自己的工作负起切实的责任。

2）通过对骨干员工的培训，要让其对企业和企业的发展目标要有明显超过其他普通员工的较强烈的使命感和责任感，并在工作中敢于承担风险、责任，敢于接受富有挑战性的工作，充分发挥自己的工作能力、技术水平以及发展资源和发展环境上的优势。

3）通过对骨干员工的培训，使其能形成一种市场竞争能力并凝聚全部力量去求得最好的工作效果。

4）通过对骨干员工的培训，使其逐渐成为一个有威信、有勇气、有魄力、有能力、忠诚而且可以信赖的企业员工。

（2）单独脑力激荡法。单独脑力激荡法是对骨干员工进行培训的一种比较有效的方式，它是指将参加者根据职务的不同，分为若干个小组，每组以若干名员工为限，以“骨干员工应如何配合工作的顺利开展”为题，开展讨论，然后他们从各个角度提出解决问题的方案，明确要达到的目标。培训组织管理人员根据他们确定的不同的目标，由不同的小组通过个人或小组的脑力激荡，产生解决问题思路，其实这种方法的本质和头脑风暴法有异曲同工之妙。利用单独脑力激荡法进行骨干员工培训的具体步骤如下：

1）通过骨干员工的讨论和研究明确自己在企业扮演的角色，并承担工作的责任以及工作使命。

2）通过讨论和研究分析企业要实现的经营目的和战略目标、明确自己要努力的方向。

3）分析目前市场状况、顾客需要、竞争对手情况，以便做到心中有数。

4）分析本人工作部门存在的问题和不足，以便提出解决问题的对策。

5）你如何工作才能实现企业目标？你计划要取得什么样的工作成果？

6）你如何选择最适合企业和个人发展的行动方案？

在运用这种方式对员工进行培训的时候，企业应该创造环境为每位参加培训的骨干员工，运用脑力激荡法想出行动方案提供必要的帮助，在他们得出结论后，培训管理人员通过他们得出的结论和在培训过程之中的表现对他们做出科学的评估。

第五章　构建企业员工竞争力的制度保障

第一节　员工职业生涯管理

企业要想吸引人才、留住人才、激励人才，不但需要充分发挥他们的作用，还要让他们有明确的奋斗目标。这就要求管理者帮助员工进行职业生涯规划，了解员工任务完成情况、能力状况、需求愿望，设身处地帮助员工分析现状，制定未来发展目标和实施计划，使员工在为公司的发展做贡献的过程中实现个人的目标，让事业来吸引、留住和激励人才。

一、职业计划与职业管理的基本含义

职业计划是指确立职业目标并采取行动实现职业目标的过程。职业计划是就个人而非组织而言的。制定和执行职业计划的主体不是某个企业或组织，而是企业或组织中的员工个体。企业或组织可能对员工个体的职业计划产生重要的影响，但这是通过影响员工对自身、环境、目标的认知间接产生的，并非必然。职业计划包含确定和实施的整个过程。职业计划是个体在职业生涯中有意识地确立目标并追求目标实现的过程。组织应了解员工的职业计划，并通过相应的人力资源政策使之有助于组织目标的达成。

职业管理是指组织提供用于帮助组织内正从事某类职业员工的行为过程。职业管理是组织为其员工设计的职业发展、援助计划，有别于员工个人制定的职业计划。职业计划是以个体的价值实现和增殖为目的，个人价值的实现和增殖并不局限在组织内部。职业管理则是从组织角度出发，将员工视为可开发增殖而非固定不变的资本。通过员工职业目标上的努力，谋求组织的持续发展。职业管理必须满足个人和

组织的双重需要。通过满足员工的职业发展需要，来提升组织的人力资本，提高企业的竞争力。职业管理的具体内容包括职业途径、职业评议、员工培训和发展计划、知识技能更新方案、工作与家庭联系、职业咨询和退休计划等。

二、职业计划与职业管理的重要性

职业生涯跨越人生中精力最充沛、知识经验日趋丰富的40余年，工作成为大多数人生活的重要组成部分。工作不仅提供了谋生手段，而且创造了迎接挑战、实现价值的大好机会和广阔空间。对个人而言，运用职业计划，参与职业管理性体现在3个方面：①对于增强对工作环境的把握能力和对工作困难的控制能力十分重要。职业计划和职业管理既可以使员工个人了解自身长处和短处，养成对环境和工作目标进行分析的习惯，又可以使员工合理计划、分配时间精力完成任务、提高技能。②有利于个人过好职业生活，处理好职业生活同生活其他部分的关系。良好的职业计划和职业管理可以帮助个人从更高的角度看待工作中的各种问题和选择，将各分离的事件结合联系，服务于职业目标，使职业生活更加充实和富有成效。③可以实现自我价值的不断提升和超越。工作的最初目标可能仅仅是找一份可以养家糊口的差事，进而追求的可能是财富、地位和名望。职业计划和职业管理对职业目标的多次提炼可以使工作目的超越财富和地位之上，追求更高层次自我价值实现的成就感和满足感。它可以发掘出使人们努力工作的最本质的动力，提升成功的意义。有效的职业管理使员工更好地认知企业、适应企业、服务企业和贡献企业，使员工成为企业人、专业人和事业人。

对组织而言，了解职业计划，进行职业管理也专有重要的意义。其一可以了解组织内部员工的需要、能力及目标，调和它们同存在于现实和未来的机会与挑战的矛盾。职业管理的主要任务就是了解员工的职业方面的需要和技能，帮助员工克服困难，实现目标。其二可以更有效地利用人力资源。同薪水、奖金、待遇、地位和荣誉激励相比，切实针对员工深层次职业需要的职业管理更具有激励作用，同时能进一步开发人力资源的职业价值。其三提供平等就业机会。职业管理考虑员工不同的特点和需要，并据此设计不同的职业发展途径以利于不同类型员工在职业生活中扬长避短。年龄、学历、性别差异带来的不是歧视，而是不同的发展方向和途径，这在组织中提供了更为平等的就业机会和发展机会。

对员工进行职业生涯的设计与管理，是现代人才资源开发与管理的重要内容。设计职业生涯的目的不仅仅是帮助个人实现目标，更重要的是通过个人实现的目标来实现组织的目标。优秀的人力资源管理是员工的个人发展目标与企业的发展目标有机地结合在一起，使个人职业生涯的发展建立在组织的发展基础之上。企业的人力资源部门有必要对员工进行职业生涯的设计与管理，这有助于个人真正了解自己，进一步评估内、外在环境的优势与限制，从而设计出各自合理、可行的职业生涯发展方向。尤其是在市场竞争激烈和组织机构变革的时候，不但要掌握个人的竞争优势，更需要配合周围环境变化趋势，才能把握稍纵即逝的机会，发挥个人的潜能，实现预定的目标。

三、职业管理

（一）职业路径

职业路径是组织为内部员工设计的自我认知、成长和晋升的管理方案。职业路径在帮助员工了解自我的同时使组织掌握员工职业需要，以便排除障碍，帮助员工满足需要。职业路径包括职业梯、职业策划和工作进展辅助。职业梯是决定组织内部人员晋升的不同条件、方式和程序的政策组合。职业梯可以显示晋升机会的多少，如何去争取，从而为那些渴望获得内部晋升的员工指明努力的方向，提供平等竞争的机制。根据组织和工作需要不同，职业梯的宽度可宽可窄。要求员工在多个职能部门、多个工作环境轮换工作的职业梯是宽职业梯，它适应对员工高度综合能力的要求。要求员工在有限职能部门和工作环境中工作的职业梯是窄职业梯，它适应只要求员工具备有限经验和能力的需要。根据员工能力和成绩的不同，职业梯速度的设置可有快有慢，使正规晋升和破格提升都做到有政策依据。

职业策划是在员工进行个人评估和自我评估中给予他们有效的援助，帮助员工确认自身的能力、价值、目标和优势与劣势。职业策划由组织中有专业知识的人力资源部门提供正规的帮助服务，可以确保员工评估在形式、时间、内容范围上的一致性和一定的准确度。

工作进展辅助是组织为帮助员工胜任现时工作，顺利完成各项工作任务而提供的各种辅助行为。工作进展辅助的主要途径为满足员工特定的价值和目标；激发员工的某些能力和优势；改善或弥补员工在职业策划中反映出来的弱点。

（二）个人才能申报制度

个人才能申报制度是指组织通过一定的方式，搜集员工有关工作信息，以达到动态了解员工的目的。员工定期将自己对工作、对上司、对企业的希望与要求，自己想干、自己能干、自己会干的工作以及自己最近在人力资本积累方面所做的努力向人力资源部门申报。企业在安排其工作时，可以尽可能满足其志向，符合其兴趣，适合其性格，发挥其专长，达到人尽其用的目的。同时，人力资源部门以搜集到的资料为基础，专门研究企业的人员调整计划，并制定适合个人特性的人事管理措施和教育培训计划。

（三）工作—家庭平衡计划

组织中的员工除了过职业生活外同时还在经历家庭生活。家庭对员工本人有重大意义，也会给职业生活带来许多影响。婚姻和父母身份施加于个人的压力远远超过一项工作或职业的压力。工作与家庭间的潜在冲突对职业生活的影响甚至超过个人发展目标对职业的影响。工作—家庭平衡计划是组织帮助员工认识和正确看待家庭同工作间的关系，调和职业与家庭的矛盾，缓解由于工作—家庭关系失衡而给员工造成压力的计划。工作—家庭平衡计划的主要措施包括向员工提供家庭问题和压力排解的咨询服务，创造参观或联谊等机会促进家庭和工作的相互理解和认识，将部分福利扩展到员工家庭范围以分担员工家庭压力，把家庭因素列入考虑晋升或工作转换的制约条件之中，以及设计适应家庭需要的弹性工作制以供选择等。

（四）职业咨询

职业咨询是指帮助被解职的员工找到合适的工作，或是重新选择职业，同时向他们提供一部分资助以帮助他们渡过职业转换期。解职，无论出于何种原因，都会给员工带来自尊心的伤害和失业的威胁。组织在出于一定目的裁员之后，有责任对被解职的员工给以相应的物质和精神帮助。切实而富有人情味的职业咨询，可以维持组织同员工的感情直至双方契约关系解除以后。解职后的善待会增加留在组织中员工的忠诚度，使解职带来的组织内部震荡和消极作用减至最小。职业咨询提供援助的多少通常同员工在组织中的级别相对应。组织的贡献越大、级别越高的员工，能享受的帮助也越多。在迫不得已的情况下，裁员时待遇又可能相反，级别低的员工因为工作经验少，再谋职业取向狭窄，可能得到更多的培训、咨询类服务。

（五）退休计划

退休计划是组织向职业晚期的员工提供的，帮助他们准备结束工作，适应退休生活的计划。退休是组织保持更新与活力的必然需要。良好的退休计划，可以使员工尽快顺利地适应退休生活，维持正常的退休秩序，最终达到稳定组织从业人员心理，保持组织员工年龄结构的正常新陈代谢，提供更多的工作和晋升机会的目的。即将退休的员工会面临财务、家庭等各方面的实际问题，同时又要应付结束工作开始休闲生活的角色转换和心理转换。因此，在退休计划中协助解决退休人员情绪和发展方面问题的方法和措施有退休计划讨论会、余热团体、试退休和逐步递减工作量等。

第二节　中国企业人力资源使用机制构建

人才竞争的核心是制度竞争，是人力资源开发和管理科学水平的竞争。改革开放以来，我国大量引进国外的先进科学技术和设备，但对管理经验的借鉴却十分薄弱。可以说，中国当前面临的最大问题是管理问题，企业面临的最大挑战是如何用科学的人力资源管理制度来确保人力资本增值的问题。目前来讲，最直接和有效的方式是结合本企业的优势，借鉴成功跨国企业的用人之道，不断完善和提高本企业的人力资源质量与管理绩效。当今企业必须用全新的视野来提高人力资源开发管理能力，来构筑企业的人力资源竞争力。

一、目前中国（国有）企业人力资源使用机制的局限性

中国的企业不是没有人才，但落后的机制使人才的积极性和创造性受到严重压抑，人才流失的现象严重。不论是国有企业还是集体企业，都存在着用人机制中的“官本位”、论资排辈、“人才单位所有制”或“部门所有制”等现象。在更深层次上，则是对人才资源作为生产力最活跃要素的个体价值的严重忽视，人力资本的产权价值无论在法律地位上，还是在人们的思想意识中都长期得不到应有的承认。

传统的用人机制的特征是权力集中、计划指导、部门管理、条块分割，以官本位为人才价值的坐标系。论身份、唯资历、唯文凭和唯职称等用人观念还有较大的市场；人才能进不能出、职务能上不能下、待遇能高不能低的用人制度还难以打破；户籍制度，城乡分割的管理体制埋没了许多优秀人才。目前，中国企业中的人才资源配置有 5 种现象值得注意，①关系配置，按关系的远近进行配置，形成难以撕破的关系网；②学历配置，以学历的高低进行配置；③资历配置，以资历的深浅安排在企业中的位置，谁进企业早就可以比晚来者更早地获得提拔；④年龄配置，什么年龄可以达到什么级别，到了一定年龄提不到一定级别，就不会有多少提拔的机会了；⑤专业配置，你是学什么专业的，你就只能一辈子干你专业范围内的工作，这叫“专业对口”，不管你实际具备什么才能。另外，国有企业由于产权单一和缺乏有效的激励机制，企业缺少工资分配自主权，无法与跨国公司开展人才竞争，无法引进高素质人才。企业专业技术人员的工资也难以与市场接轨。国有企业很难留住优秀人才。

优秀的企业经营管理者是公司核心竞争力的基本要素，但其发挥作用和成长的主要制约因素就是制度。应对 WTO 挑战的关键在于人才的竞争，人才竞争的关键是企业家的竞争。应该说，中国并不缺少企业家人才。跨国公司的中国分公司在本土化进程中的头面代理人基本上都是先去国外深造学习后又回国的“海归派”；在东南亚，也有相当多成功的企业都掌握在华人的手中；甚至国内温州等地的人，一到欧美，不用几年就能成功地做活跨国贸易。那么，这些人为什么在国

内企业就不行，一到国外或外资企业中就很出色呢？应该说，中国缺少的是让这样一个群体充分发挥他们聪明才智和才能的体制条件。

二、中国（国有）企业要重塑人才机制，优化用人机制

重塑人才机制，包括人才发现机制、人才使用机制、人才培养机制、人才激励机制、人才流动机制和考核监督机制。国有企业机制塑造的核心是发现、使用和激励人才。国有企业要学习跨国公司的用人机制。跨国公司的用人机制大都是采取绩能序列制。其指导思想是不讲年龄和资历，只讲业绩和能力。只要业绩突出，不拘一格降人才。企业就是要吸收最优秀的人才，并为之创造条件，让其充分发挥才能。同时将不适应者和不合格者及时辞退。因此，它的用人机制允许人才流动。只有优秀的人才，企业才录用。只要是优秀的人才，就能得到快速的提拔和重用，否则就进不了企业或进了企业也会很快将其辞退。跨国公司选才标准是工作业绩，没有业绩只能说明不能胜任。跨国公司在人才招聘、选拔、培养上舍得花巨资，用丰厚的工资报酬与发展前景以及良好的工作环境来吸收社会精英人才。国有企业要应对 WTO 的挑战，必须在人才机制方面进行彻底变革。变伯乐选马为赛场比马，变行政委任制为市场聘任制，变年功序列制为绩能序列制，不以年龄与资历作为选拔依据。对企业关键人才用市场化、社会化、国际化的运作机制来管理，以不低于专业技术人员的劳动力市场工资价格来吸引高素质人才。通过待遇、机制和事业来留住人才。高薪不是吸引和留住优秀人才的万能药，但过低的薪酬绝对是人才流失的重要原因。

（1）要改革收入分配制度，建立有效的激励机制。允许和鼓励资本、技术等生产要素参与分配，建立产权激励制度，最大限度地调动人才、特别是科技创业人员与经营管理人员的积极性，加紧建立高级管理人员的激励机制。在人才竞争日益加剧的今天，企业高级管理人员是人才竞争最主要的方面。国内外专业“猎头”公司的兴起，就是以争夺高级管理人员为主要对象的。在新一轮人才竞争中，留住企业的高级管理人员，是制定人才战略的主要目标之一。人力资本的产生已经引发企业产权制度的大幅变化。这种变化最主要的表现是改变了过去“谁出资，

谁拥有企业产权”的原理，即人们可以通过人力资本拥有企业产权。这已经成为跨国公司薪酬体系的重要部分。我们的薪酬体系严格地说，只能称为工资体系，有薪而没酬。和跨国公司争夺人才，一定要制定科学的薪酬体系。

要改革国有企业的产权体制，以产权留住人才。国有企业的产权体制改革的核心是投资主体多元、产权明晰、出资者到位，做到资本社会化和人格化。资本社会化、人格化有利于企业决策科学、约束硬化、激励到位，也有利于企业吸引高素质人才。另外，面临跨国公司的人才争夺，国有企业光靠提高工资和其竞争是不行的。就目前国有企业的效益，大幅度提高工资也是不现实的，而且国有企业无法跟上跨国公司的工资增长速度。提高国有企业人才的收入应主要通过给股权的办法，这是在华跨国公司一般难以做到的。对高素质人才特别是拥有核心技术和产品的研究开发人才以及具有组织实施和配套能力的风险投资与经营人才，国有企业要通过员工持股、技术入股、经营者持股以及期股和期权等股权激励的办法来吸引人才。这既可以减轻企业工资成本，又有利于留住人才，有利于企业人才队伍的稳定与长期核心竞争能力的提高，也有利于企业资本结构优化和产权多元化改革。要积极鼓励企业经营者和企业骨干持股。

（2）国有企业要靠机制留人，待遇留人，也靠事业与感情留人。目前国有企业管理机制和管理水平与跨国公司相比仍有较大差距。对人才的重视程度远不如跨国公司。因此，改善工作环境，提高管理水平，注重企业领导者的人格影响力，培养企业共同的价值观念，尊重知识、尊重人才，仍然是国有企业留住人才的重要手段。事实上，仅靠高工资是难以长久留住高素质人才的。真正能吸引人才的是先进的企业制度、企业机制、企业文化和企业良好的工作环境。这种制度和文化能真正发挥人才的创新潜能和实现人才的全部价值。有竞争力的工资，良好的福利，共同的文化与价值观以及个人发展的成长空间是留住人才的关键。要留住优秀人才，高薪水是必要条件，但却不是唯一条件。许多企业领导人认为，只要给人才高薪就能留住人才，外企吸引人才主要原因是高薪。实际上，外企用高薪吸引人才只是一个方面，更重要的是外企比较注重人才的培训和给人才提供个人发展的机会。而我们许多企业认识到了人才的重要性，给了人才高薪仍然留不住人才常常引起企业家抱怨，原因在于不能清楚地意识到人才的多方面需求，特别是高级人才，更渴望企业对其劳动价值的承认，能够获得更多的发展机会。试想，高薪是无限的，多高才是高，企业家和高级人才在这点上往往很难达成共识，企业家觉得给得很高了，高级人才可能觉得还不够。

因此，完全用薪水衡量会进入误区。职务升迁、学术深造、国内国际学术交流、成就感都是人才的追求目标。那种认为付出高薪就万事大吉的想法是十分有害的。因为这或者源于中国传统的用人观念“天下英才为我所用”。总是以“才为我用”的思路来指导用人实践，往往把人才完全置于一个附属的位置，与使用者形成尊卑之分；或者源于另一个传统雇佣观念，我给钱你干活，一种现代“长工”。如今，人力资源特别是专门人才已经被认为是一种最稀奇的资源，企业家要树立人力资本的意识，高度重视人才的价值。新疆德隆有限公司的董事唐万里说：德隆的人才进入门槛很低，但是进来以后的天地好广，面临的挑战也很大，周围的人都是高层次。德隆用机会吸引人，用品德识别人，用才智选拔人，用事业留住人，用能力用好人，用仁治凝聚人。德隆的人才理念是与一流人才打交道，与一流企业合作。①

（3）要想留住人才，最有效的措施就是设计好一个完整的事业发展阶梯。一个优秀人才对于自己在一个企业的长期发展是非常重视的。他如果看不到自己职位与责任的发展与提高，那么他在这个企业留下去的可能性是不会很大的。保留人才从最根本上讲是要靠尊重人才。这种尊重至少体现在以下方面：承认每个人的价值；尊重每个人的权利；把合适的人放在合适的岗位上；满足人才提升的愿望；为人才发挥自己才能创造有序、宽松的环境；给人才充分流动的机会，尊重员工对去留的选择。只有全面实现人才价值的企业才能长久地留住人才和发展人才。从跨国公司人才本土化战略实施来看，中国员工是有能力、有工作意愿和工作激情的。只要有一个好的人力资源配置，有一套反映现代员工物质和心理要求的管理体系与实施内容，国有企业员工的积极性与智慧是能够被充分调动起来的。

---

① 李建立．战略德隆[M]．北京：中国发展出版社，2003．

（4）必须加强对人力资源的开发和培养。除了高收入的诱人条件，国外跨国公司非常重视人才的培养，每年都投入巨资，对员工进行在职培训，甚至派往国外进行培训，这种通过迎合人才自身发展的需要来吸引人才的做法很值得我们借鉴。一般说，企业人才的来源可以通过两个途径获得：①直接从人才市场上招收；②由企业自己进行人力资本的投资。由于目前我国企业的综合经济实力与国外跨国公司相比还处于劣势，因此，在人才市场上与国外跨国公司进行面对面的竞争比较困难，所以，采取由企业自己对现有的人力资源进行投资开发或者招收一些应届大学毕业生进行培养，应该是目前解决企业人才资源的主要途径。企业不但要重视人才的引进，同时应注重人才的继续教育，形成一种终身学习培训的循环机制，培养不断创新进取的人才。

（5）国有企业要建立良好的人才流动机制。良好的人才流动机制是企业人才管理水平较高的重要标志之一。市场、竞争对手、企业自身、企业的人才等都是无时无刻不在变化的，作为企业来说，就要以变应变，建立良好的人才流动机制，引导人才的变化朝着有利于企业发展的方向变化，引导人才有序、有意义、有效益地流动。管理水平高的企业，反映出企业对人才的管理到位，同时人才管理到位、管理水平高的企业，也能更有效地吸引人才、任用人才、留住人才。人才流动有益于企业的发展，这已经为许多企业经营者所意识到。但若流动质量差，不该流出的频繁流出，不该留住的却牢牢留住了；或者若某一个或某一群企业需要的人才流动出企业了，企业的声誉、发展及其现实的工作因为没有合适对应的人才及时补充而受到负面的影响或冲击，这时的人才流动就成为了人才流失，需要进行遏制了。

关于国有企业人才流失的问题，有人认为目前国有企业人才流动是一种正常现象。他认为长期以来国有企业积压了一定量的人才，外资企业迅速发展，对中国经济作出了巨大贡献，国有企业人才流向外资企业，有利于中国经济的发展。外资企业在中国，它仍然在为中国经济作贡献。只要人才不流出中国，就不能叫人才流失。这种观点代表了相当一部分人的看法。其实，这混淆宏观经济与微观经济的区别，混淆了人才流动与人才流失的区别。宏观经济（政府）只强调所在，不强调所有、所属。只要在中国，都是为中国经济服务。但是，微观经济（企业）必须强调所有、所属。否则，人才都跑光了，哪来企业的竞争力。从微观经济组织（企业）来看，人才流动与人才流失是有明确界限的。①人才流动是单向的，还是双向的，如果一个单位人才只有出，没有进，或出大于进便是人才流失；②人才流动的数量界限，在一定时间内（如一年内）企业的人才流动率超过 15%，那就是人才流失。

（6）国有企业要建立良好的人才监督约束机制。中国传统文化中的“用人不疑，疑人不用”的用人观念，在市场经济条件下已失去其合理性。“信任就可以不要监督了吗？”国有企业因缺乏必要的监督制约机制而出现违法乱纪的事例大量存在。必要的监督约束制度对干部是一种真正的爱护和关心，因为人与任何事物一样，都是在不断发展变化的。市场经济的负面影响，如果没有监督和约束，好人也会变坏，功臣也会变成罪人，最后害人、害己、害集体。事实上，道德的力量是柔软的，我们不能把经营管理者的健康成长完全寄托在个人的修炼上。越是有前途的人才，越是贡献突出的人才，越容易得到重用。而只要他们手中有权、有钱，就必须建立监督约束机制。每一个企业经营管理者都要在思想上、心理上接受监督，培养自律意识，增强免疫力，从而健康成长。海尔张瑞敏提出干部任用的 3 条原则：“在位要受控，升迁靠竞争，届满要轮岗”[①]。在位要受控是指一方面干部主观上要能够自我控制，自我约束，有自律意识；另一方面，企业要建立控制体系，控制工作方向、工作目标，避免犯方向性错误。同时加强财务控制，杜绝违法乱纪行为的产生。升迁靠竞争是指有关职能部门应建立一个明确的竞争体系，让优秀的人才能够顺着这个体系上来，让每一个人既感到有压力，又能够尽情施展才华，不至于埋没人才。届满要轮岗主要是防止干部长期在一个部门工作，思路僵化，缺乏创造性和活力。轮流制对于年轻的干部还可增加锻炼机会，成为多面手，为企业今后的发展培养更多的人才。

（7）中国企业要应对入世的挑战，必须实施人才国际化战略。人才国际化是指人才的成长和才能的发挥，不再局限于一个地区或国家的范围，而是以本民族

① 颜建军，胡泳．海尔：中国造[M]．海口：海南出版社，2001．

的文化背景为基础，在全球范围内开发、配置。它包括人才的价值观念国际化、基本素质国际化、知识结构国际化、教育培训国际化、活动空间国际化和成果评价国际化。

价值观念国际化。这主要体现在市场经济的价值观念，已经为全世界所普遍接受，构成了人才价值观念的重要基础。不同国家、不同民族的人们，文化背景、宗教信仰等各不相同，甚至差异很大，但市场经济的基本理念，却被全世界的人们所共同接受，成为一种国际化的价值观。人才的一切活动，基本上都是在市场经济的条件下进行的。市场经济观念中的核心是公平竞争。人才的活动、人才的竞争，要遵守公平的原则。世界各国为了规范竞争行为，保护人才的合理权益，都制定了相应的法律保障体系，比如公平竞争法、商标法、合同法、专利法等，都是和人才的活动密切相关的。除了国内立法，还成立了许多国际组织，它的任务很重要的一点也是规范竞争行为。这一切都是建立在共同的价值观念基础之上的。

基本素质国际化。国际人才具有宽广的国际化视野和强烈的创新意识；熟悉和掌握本专业的国际化知识；具有国际通用的能力证书；熟悉和掌握与业务活动有关的国际惯例；具有较强的以外语为基础的跨文化沟通能力；具有独立的国际活动能力；具有较强的计算机及网络运用能力；具有良好的道德和健全的个性。

知识结构国际化。知识是全人类共同的财富。人才所掌握的知识结构趋向一致：①表现在基础知识，就是一般通过基础教育所掌握的知识，在全球范围内趋向于一致；②不同国家的专业技术人才所掌握的本专业的知识，其内容是基本一致的；③高层次的管理和技术复合、学科交叉等的复合型人才，成为世界各国共同珍视的人才，也是各国高级人才队伍的共同特点。人才的知识结构一方面趋于一致，另一方面又表现出强烈的民族特点、国家特色。尊重不同国家、民族的传统文化，学习研究具有民族特色的知识，不自觉地成为一种世界性的潮流。大多数国家都很重视向其他国家宣传、传播本国的优秀文化；企业，尤其是跨国公司，如果不重视研究别国的文化，就不会取得成功。对各民族传统文化的学习，促进了人才知识结构的国际化。

教育培训国际化。这一方面是教育培训目标的国际化。为适应世界经济一体化和本国经济发展竞争的需要，许多国家提出教育要国际化，要培养“跨越国境的人”“面向世界的人”“善于与他人合作共事的国际人”。许多国家都及时调整培养目标，在调整培养目标时都重视“使受教育者具备作为国家公民和世界一员所应有的素质”。另一方面是教育培训课程设置的综合化。当今是以综合知识能力取胜的时代。未来学文科的要了解科技知识；学科技的要了解社科知识；学商科的不仅要了解市场，而且要了解生产管理和生产全过程。

活动空间国际化。人才的跨国流动，既有人员的流动，又有智力的流动。人才在选择创业和工作的地点时，眼光不再局限于自己国家，而是在全球范围内寻找最理想的地方，往往会到其他国家去施展才华。跨国公司的发展，国际间经济技术和科研协作的日益加强，促进了这一趋势，许多人才都在国外长期工作。人才的移民也保持很大的数量，许多人才都会向发达国家和地区以及经济发展快的发展中国家和地区迁移。由于发达、便捷的交通和通讯，人才在国际间的智力流动也日益频繁。国际互联网的飞速发展，使国际间的智力流动甚至可以通过网络实现。

成果评价国际化。人才的成果，无论是学术科研文化成果还是经济成果，评价都是国际化的。在学术科研文化领域，由于信息传播的速度很快，知识产权保护的世界性，竞争的世界性，如果不积极跟踪、了解全世界相关领域研究的最新进展，闭门造车，重复别人已经走过的道路，花费了大量人力、物力，得到的成果仍将毫无价值，不被承认，甚至被认为侵权。在经济活动领域，无论是一个国家或地区的宏观层面还是企业的微观层面，其成果的评价都是在世界范围内进行的。国家或地区的经济成就，是在全球范围内定位的，繁荣或是危机，往往会产生世界性的影响。人才成果评判的标准是它在市场上的竞争能力。大多数国家，市场都是开放的，产品或服务由全球的供应商提供，这种竞争也是全球性的。即使不是跨国公司，它所面对的市场，也是一个世界性的市场，面临来自国内外同行的竞争。因此，人才在经济领域内的成果，最终的评价，也是国际化的。

与跨国公司人才本土化战略相反，国有企业要生存与发展必须采取人才国际化战略。国有企业的国际化进程快慢决定其生存空间的大小。国际化战略首先指产品和技术的国际化，但没有能适应和熟练掌握国际化管理的人才，产品和技术的国际化是不可能实现的。人才是企业国际化的基础。2000 年瑞士达沃斯世界经济论坛年会上提出企业国际化的 3 条标准：①有适应国际市场的应变体系；②有全球化的品牌；③有网上销售战略。

到目前为止，我国还很少有几家企业成为拥有国际市场、国际品牌和国际采购体系的具有国际竞争能力的大型企业。一个能适应国际市场变化的灵活体制只能由有创新意识、管理才能、技术调整能力的人才群体来构建。国有企业要采取人才国际化战略，以人才价值观念、知识结构、教育培训、活动空间和成果评价等国际化为抓手，努力引进和培养新世纪新型产业体系的管理与科技创新的高层次、复合型人才；重点发现和扶持拥有核心技术和产品的研究开发人才；具有组织实施和配套能力的风险投资与经营人才；努力引进和培养具有国际眼光、全球战略、熟悉世界市场的企业经营人才。按照资本社会化、人才国际化的要求，重建国有企业人才高地。使国有企业做到人才招聘国际化、人才流动社会化、人才收入市场化、人才约束法制化和人才培养终身化。

因此，要抓紧现有人事制度的改革，建立科学的人才评价体系和用人制度，打破论资排辈的传统用人方式，改变“官本位”、论身份、唯资历、唯文凭、唯职称等过时的用人观念，树立重能力、重实绩、重贡献、鼓励创业、鼓励创新、鼓励竞争的用人新理念。要改变人才能进不能出、职务能上不能下、待遇能高不能低的落后用人制度，建立流动配置、合同聘用、竞争上岗、科学评价、严格考核、强化监督等新的用人机制，加快形成人力资源市场化配置机制，营造一个有利于人才竞争与流动的制度环境。

总之，国有企业应借鉴成功跨国企业的用人之道，用全球标准和适应国际经济竞争的要求来衡量人力资源管理，讲究科学性和有效性；从增强企业竞争力的角度来加强对员工的教育培训工作，增加人力资本投入，使企业真正建立人才竞争优势格局。科学的用人之道还应包括成熟的招聘制度、完备的培训制度、科学的岗位安排、公正的评价体系、真正的人格尊重、畅通的沟通渠道、优越的福利待遇、平和的离退辞职、完善的社会保障、发展的成才环境和有效的竞争机制等。

第三节　国有企业经营者使用方式改革

当前，我国企业人力资源配置的市场化程度比较低。人力资源配置的市场化程度有两个重要指标：①人员流动的自由度，②工资的市场决定程度。这两个指标在我国由于企业的所有制成分、地区和人员的不同层次之间情况差异很大，并没有确切的数字。国有企业要参与市场竞争，就是国有企业的人才与工资收入参与市场竞争，国有企业要参与国际市场竞争，就是国有企业的人才与工资收入参与国际市场竞争。如今国有企业人才的大量流失，竞争力下降，从本质上看是竞争已经市场化和国际化，而国有企业的人才政策和工资收入分配政策还不能市场化，更不要说国际化，人才的流失就是必然的。

面对激烈挑战，中国企业必须加快人力资源配置的市场化进程，加快企业高层经营管理人才的市场化配置。现在国有企业的经营管理者则大多采取委任制度。经过 40 年的企业改革，在其他各项改革都取得重大进展和突破情况下，为什么中国国有企业经营者的产生机制仍不能由“行政配置”转向“市场配置”呢？为什么国有企业经营者职业化、经理市场的发展方面进展如此缓慢呢？

一、产权单一是政府行政委任的根本原因

虽然我们可以归纳为政企分开不到位、人事制度改革缓慢、行政待遇难以割舍、经营者素质有距离、缺少利益激励机制和法律环境不健全等一系列企业家职业化的障碍因素，但最根本的是国有企业由于产权单一，政府是企业唯一的投资者。由于产权单一，政府必须要控制企业。政府不管，谁来管？政府控制企业最有效的办法就是控制企业经营者的任免。因此，企业产权体制不改，国有企业的用人机制就无法改。委任制是政企不分的具体表现，也是国有企业难搞好的深层原因。

二、行政委任制的局限性

委任制形成的国有企业经营者不是企业法人和职工的代表，更不是企业家，

而是政府委派管理企业的官员。他的产生、调任、辞退等都不是由职工、董事、企业说了算，而由政府说了算。因此，行政委任制至少有四大局限：

（1）造成国有企业面临巨大的选人风险。如政府给企业委派一个经营素质、管理素质、政治素质和道德素质好的领导者，该企业在他手下就会发展，反之委派一个 4 种素质有问题的领导者，该企业无法进行良好发展。

（2）造成国有企业经营者思维方式的局限。委任制产生的企业经营者的思维方式是对上负责，不对下负责；对政府负责，不对市场负责。企业经营者最关注的是来自于上级主管部门的评价，而不是企业经营好坏和盈利状况。由于政府主管部门是企业经营者命运的直接决定者，企业经营者主要精力放在与上级领导搞好关系，而不是经营企业。行政任命的国有企业经营者很难成为企业长期发展的人格化代表。他作为哪一个企业的领导，作为多大规模企业的领导，在很大程度上是由外在的行政力量来决定的。他的工作和待遇基本上不是由他经营企业的业绩好坏来决定，而是由他本身的行政级别和政府的相关政策决定的。说得更明白点，国有企业“企业家”产生的机制是行政化的机制，其主要依据是个人的政治资本（以行政级别为主）和上级选举人的偏好。例如，如果你有幸被派到一家规模大且实行高额年薪制的企业，你就可以获得很好的待遇；但被选派到一家小企业，就只能获得很低的待遇。在这种行政化的选择机制中，随意性很大，与被选人的企业家素质水平基本上没有什么必然的客观联系。而且，不论被选派到什么样的企业，国有企业经营者的业绩并非主要由市场来评判，而是基本上由上级领导评定。在这里，利润、产值等经营指标只是实现经营者及其上级部门的社会性、政治性目的的手段。只要在政治上不犯错误和严重触犯刑法，大中型国有企业的经营者一般不会失去自己的官职。如果经营不善，他们会被调到其他企业或政府部门任职。因此，这类行政型企业家，一方面最看重的是上级的评价，往往把主要精力用于迎合上级领导者的偏好或揣摩领导者的意图，没有足够的动机来提高自己作为真正的企业家的素质；另一方面，对短期利益的追求重于对企业长期发展的考虑。

（3）造成国有企业经营者行为模式的局限。委任制产生的企业经营者往往采取短期行为。委任制加上任期制使企业经营者不将企业当职业经营，不是追求企业长期利润最大化，而是搞短期行为。因为谁搞长期利润最大化，谁眼前就没有政绩，任期一到，领导结束。相反谁越搞短期行为，谁眼前就越有政绩，就越有提拔的可能。相对而言，我国国有企业的任职年限普遍较短，而且，国有企业经营者的初始任职年龄普遍高于其他所有制的企业经营者。所以，目前企业经营者谈论最多的是资本经营或资产经营，如承包、债转股、坏账、上市、融资等，而对技术创新、产品开发、市场开发、人才开发和企业发展战略却缺乏足够的积极性。由于委任制加上任期制使企业经营者经常在换，一轮领导一轮规划，企业反复折腾难以搞好。

（4）造成企业职工积极性低下。委任制有可能埋没真正的人才，甚至使一些庸才或小人得志，德才兼备者怀才不遇，这种示范作用极大地伤害广大职工的积极性。行政委任制，一方面阻碍了真正企业家的产生，这是难以形成一大批职业化企业家的根本原因；另一方面也阻碍了企业经济活力，这是国有企业陷入困境的根本原因。

行政委任制给国有经济带来的后果是严重的。从宏观上看，中国政府把各种资源重点投向国有企业，但为中国经济做出最大贡献的却是非国有经济部门，且非国有部门对经济增长所起的推动作用越来越大。

在企业家的知识结构中，最基本的要素是资本运作和市场经营的战略性知识。作为一个合格的企业家，其职能就是熊彼特所概括的“创新”，因而必须是富于进取精神，有目的地寻找创新的源泉，善于捕捉市场变化的机会，并敢于承担风险，把这种机会化为赢利的经营者。因此，企业家的知识结构中除了 Know-what（知道是什么）和 Know-why（知道为什么）的知识来自教育和培训之外，Know-how（知道怎么做）和 Know-who（知道谁拥有知识）这类更重要的知识则来自“干中学”的市场经营实践，包括自身经营体会出的经验积累以及所观察到的成功者行为之学习。后两类知识是企业家知识结构中的核心。中国绝大多数民营企业家虽然没有很高的学历却能在市场经济中获得成功，从知识结构的角度看，正是得益于他们的经验知识。他们在市场的实战中学会了经营之道，根据自身所处的具体环境，进行市场预测、制定企业战略、战略策划以及实现这一切企业目标的组织指挥。

与此不同，行政官员知识结构中的最基本要素是政策和法规知识。这种知识基本上都可以通过各种培训而获得。作为一个合格的官员，其工作环境对他的基本要求是领会上级政策精神，并率领部属完成既定的任务。因此，对他们来说，最实用的是程序化的办事经验，最重要的是体会政策法规的能力和人际沟通能力。虽然有些在政府经济管理部门工作的官员在长期的接触实践中对某些企业比较熟悉，积累了一定的经营管理知识，但那也只是间接地获得的知识，要实战运用这种知识，还存在一个转化过程。

在开放的国际化的市场竞争中欲克敌制胜，光有企业的知名度还不够，还必须提高企业家的知名度。著名企业家是企业形象和企业品牌的最佳代言人，企业家为社会公众认知，会使企业和企业产品在公众形象中更具个性化、更具亲和力。著名企业家还是外部资源的集聚者，随着企业的发展必然伴随着资本、人才、技术等要素的集聚，一个拥有著名企业家的企业更有利于生产要素的集聚和整合。一流的企业配备一流的企业家，这也是一种品牌效应，对于城市的发展而言，也更有利于提高城市的综合竞争力。此外，政府管理部门应加快现行人事档案制度改革，建立面向城乡、面向全国、面向世界的区域性、全国性的各类人才市场体系，逐步实现人力资源配置的市场化。

三、加快企业产权体制改革，重塑国有企业经营者选拔与任用机制

国有企业经营者选拔与任用的改革方向是行政委任制向市场聘任制过渡。国有企业实行市场聘任制的前提条件是产权改革，建立现代企业制度。产权改革的核心是要建立与完善国有资产管理体制，形成国有资产增值保值机制和国有资本人格化机制。

（1）理顺国有资产管理体制，完善国有资产管理，才能建立产权清晰的现代企业制度。现阶段应该积极探索各种途径，将政府作为资本所有者的职能和宏观经

济管理的职能分开，建立或明确政府一个部门完全代理行使国有企业的所有者职责，管人、管事和管资产相统一，既避免国有企业“所有者虚位”，又避免来自多部门、多层次的多个所有者对国有企业的干预，从而进一步真正明确国有企业经营管理者的激励约束主体，解决国有企业经营管理者行为目标多元化问题。从长远分类改革的发展方向看，履行所有者职能的政府部门主要负责对国有产权代表的选择、任免、激励、监督和约束，负责重大国有产权变动审批。对于国有独资公司而言，国有产权代表就是董事长，这类公司的董事长和总经理是可以兼任的，可以不拘泥于法人治理结构的规范要求，政府对这类公司董事长或总经理的选聘、激励约束应该采取准公务员系列的管理办法；对于国有控股或参股公司而言，只要股权是多元化的，就应该按照现代公司制的法人治理结构的规范要求去做，由董事会选聘总经理，并对其进行激励约束，履行所有者职能的政府部门主要对国有产权代表进行选择、激励约束，政府部门履行所有者职能要通过其在董事会的国有产权代表作用于总经理来实现，不能直接干预总经理的经营管理活动。

（2）优化企业资本结构。国有企业制度创新的关键是在明晰产权关系的基础上，优化企业资本结构和建立公司治理机构。而优化企业资本结构是建立公司治理机构的前提。优化企业资本结构的核心是投资主体多元，资本社会化和人格化。资本社会化、人格化有利于企业决策科学、约束硬化、激励到位，也有利于企业吸引高素质人才。优化企业资本结构的做法可以多种多样，通过法人相互持股、国有股减持、规范上市和中外合资等形式，克服国有股“一股独占”和“一股独大”的弊病。如对重点骨干企业、高新技术企业，可引导法人相互参股、经营者和骨干持股、外资嫁接等多种方式，实现投资主体多元化；对一般竞争性领域的国有企业，支持个体私营企业和其他社会投资者通过收购、兼并和控股、参股等多种方式，将企业改组为混合所有制经济；对现有的股份制企业，可以鼓励和提倡经营者和主要骨干层通过置换、回购等途径增加持股比例，也可以通过内部股权有偿转让及企业增股扩资、吸引多方参股等途径，完善股权结构。完善国有企业股权结构是国有企业制度创新，提高竞争力的重要前提。

（3）要切实取消企业的行政级别，不能按行政级别从政府官员中选取国有企业经营者，冲破用人制度的行政级别“围墙”，扩大选择范围，实施跨地区、跨所有制的竞争上岗政策。要切断国有企业经营者向政府官员过渡的途径，将经营企业职业化，并制定任职资格制度和职业规范制度。任职资格制度的核心是资质认定，对应聘者，除了必备的一般受教育条件之外，还要对年龄、专业和知识结构提出具体的要求。国有企业经营管理者聘任方式可分为社会公开招标选聘和实绩考核选聘。但在经营者市场没有真正建立起来，企业家十分缺乏的情况下，应该采取公开招标选聘形式来选拔企业经营者。这有利于挖掘社会人才的潜力，促进企业家阶层迅速成长。随着现代市场经济的发展和企业家市场的建立，企业家的选举聘任形式应逐步转向以经营实绩考核聘任为主，因为经营业绩是检验企业家创新、管理、技能和素质的唯一标准。

要积极推进国有企业干部人事制度改革，推进国有企业经营管理者的职业化建设。推进国有企业经营管理者的职业化，实质上是改革长期以来形成的国有企业干部管理体制，改变传统的把国有企业作为国家干部进行委派的制度，逐渐培育职业经理阶层，形成经理市场，建立国有企业经营者的市场竞争选聘产生机制。企业经营者应拥有人力资本的自主权，即要让经营者能掌握工作的自主权，或者说工作的命运应由他自己掌握。经营者劳动是一种复杂劳动，因而经营者不仅是一般的人力资源，而是人力资源中的人力资本。珍惜人力资本，对经营者来说，首先就是要承认和尊重其工作的自主权。现在为什么有那么多的经营者急功近利，善做表面文章，只怕得罪上级、不怕得罪企业（即企业搞不好问题不大，得罪上级问题最大）的重要原因之一，就在于工作命运不由自己掌握，而是由上级任免书决定。这种体制不改变，不仅难出优秀企业家，而且也难以调动经营者本质上的积极性。

要使经营者能自主地掌握工作命运，就需要改革现有用人体制，建立新体制，新体制的特征：①取消任期制（除特殊企业和特殊需要外）。经营者不是公务员，不应有任期制，而应该制定新的任期原则；②制定辞职条例，在什么样的情况下，经营者应引咎辞职或辞职；③明确罢免原则，在什么样的情况下，上级有关部门有权对经营者实行罢免；④规定申辩权利，允许经营者对自己的处理实施申辩和反诉。至于经营者违纪犯法，那就按有关纪律和法律处理。新的用人体制，最本质的要体现出：经营者得罪上级问题不大，搞不好企业问题最大；上级有关部门不能任意罢免经营者，工作的自主权全由经营者自己掌握；上级有关部门需要调动工作，需征求意见，以经营者的意愿为依据。这样国有企业经营者就再不会以上级有关部门的脸色行事，而要以市场行情、市场经济的规律行事了。

要取消根据行政级别享受相应待遇的规定，同时实行国有企业经营管理者高额退休金计划，解决后顾之忧。根据经营者对企业发展的贡献大小，分别制定不同的待遇标准。废除国有企业经营管理者硬性划线退休制度，对于经营业绩一直很好的经营者,其任职年限不应该受到年龄的限制。经营者不同于一般的国家干部，其经营管理经验和技巧是十分稀缺的资源。硬性划线退休制度不仅可能造成经营管理才能的浪费，而且有可能引发经营者的短期化行为。在一家国有企业经营管理不善、业绩不佳的企业经营者应该终止其职业生涯。绝不允许被调到另一家国有企业再担任经营者。只有具有良好声誉的企业经营者才能有机会“升迁”。

在掌握企业经营管理者的聘用标准时要注意处理好德才标准与四化标准的关系。“四化”标准是指企业经营管理者的革命化、专业化、知识化、年轻化，这是企业经营管理者队伍的群体标准，不是企业经营管理者的个体标准。以“四化”标准代替德才标准，在具体操作时容易出现两方面问题：①片面追求学历文凭，以学历文凭代替才，将一批自学成才，有才无“凭”的经营管理者排斥在外。②片面追求年轻化，搞一刀切，将一批年富力强或没有年龄优势的经营管理者排斥在外，不利于企业经营管理者队伍的建设。年龄不应成为选择企业经营者的刚性指标。个人的素质是由身体素质、智能素质、人格素质综合构成的，这是成才的基础。素质来源于长期的教育、生活、实践。

（4）建立与完善企业经营者的约束机制。企业经营者约束包括3个方面。

1）外部市场约束。经营者会受到产品市场、经理市场及资本市场的约束。产品市场和资本市场可以起到对经营者经营绩效的社会评价作用，企业在这两种市场中所取得的地位是对经营者经营管理能力的检验；而经理市场则起着决定企业家晋升任免的作用，使在任的经营者时刻感到有一种随时会被人替代的压力。这

3 种市场的存在，能给经营者施加较强的外在压力，激励和鞭策经营者兢兢业业地工作。

经营者经营水平的高低、管理能力的强弱，主要通过商品市场来体现。因为在竞争性的市场中，公司产品滞销，主要是经营决策失误，而不是工人生产效率低下所致，这就约束经营者必须提高决策能力和水平。另外，在竞争性的市场中，公司力求降低成本、合理定价、扩大市场份额，股东可以依此得到本公司有关成本的信息，这就约束经营者行为，制止他任意加大成本、侵蚀利润。经理市场的竞争将对经营者施加有效压力。如果经营者因经营决策失误或者是让所有者资产流失，他就会被解聘或被撤换。这时，他的人力资本就会贬值，一部分人力资本投资变成“沉没成本”，他为培养自己的经营者管理能力所投入的资产专用性越高，改变职业的成本也就越高。而且，经理市场的需求很小，他一旦回到市场，就很难再找到一个合适的经理职位。这就约束他必须恪尽职守，努力工作。资本市场约束来自对公司控制权的争夺，它的主要形式就是公司被接管。如果许多股东对公司的业绩或经营者的行为不满意，他们抛售该公司的股票，股票价格就会大幅度下跌，公司被接管，原董事会和经理层被改组。在理论上，这是一个自动的、有力的约束机制。它能有效地淘汰管理不善的经营者，使公司资产增值，使接管者获益，使产业结构合理（见表 5-1）。

表 5-1　市场竞争机制对企业家的激励约束作用的表现形式

作用形式 / 类型市场	信息显示机制	优胜劣汰机制
资本市场	企业市场价值指标	接管（并购）机制、破产机制
经理市场	声誉显示	竞争选聘机制
产品市场	企业会计财务指标	盈亏、破产机制

2）内部公司治理结构约束。公司治理结构的本质是一种关系合同和一套制度安排，它给出公司各相关利益者之间的关系框架，对公司目标、总的原则、遇到情况时的决策办法。它的功能是对内部管理人员加以控制、监督、激励和约束，核心是要解决由谁根据什么来评价经营者，应在代理成本太高时用更好的经营者

来替换不好的经营者。公司治理结构在不同国家、不同发展阶段和不同文化背景下存在多种形式。董事会是控制经营者最直接的形式。投资者委托董事会按他们的利益负责公司战略和资产经营，监督和制约经营者的主要决策，并在必要时撤换不称职的经营者。公司治理结构制度设计的一个重要前提是假定“人之初，性本恶。”你先要怀疑这个人，假定他会做对你有害的事情，然后你设计制度，这个制度永远是防范小人，若是好人或君子，那么更好，这个制度成本就更低，但是制度设计的时候一定要防范。要做到领导有情，管理无情，制度绝情。

3）政府法律约束。主要包括用法律的形式规定经营者的权力和责任；设立专职的国家监督经营者的机构；规定经营者违法时应受的惩罚，例如许多国家的法律规定，公司破产后，除了要依法追究经理的渎职责任外，他还在一定期间或者永远不得担任经理、董事等职务。同时应尽快健全相应的法律法规，以全面规范经营者行为。为了更好地约束经营者行为，还应辅助其他约束方式如行政约束、社会约束。行政约束主要对国有企业，通过采取选派稽查特派员对企业财务、经济运行情况进行稽查，对经营不善、连续亏损的企业经营者降低收入或撤销职务方式监督经营者。社会约束主要是社会舆论、道德、名誉的约束，可通过媒体曝光等方式对经营不善、以权谋私、贪污腐化者予以揭露、批判。

第四节　职业经理人制度建设

当前，我国存在体制内经营者（国有企业经营者）和体制外经营者（非国有企业经营者）两种企业经营者，如果我们用价格改革中的双轨制，即“体制内价格”（不能调整的计划价格）和“体制外价格”（市场价格）作比较，那么经理市场也存在双轨制。这种经理市场双轨制的存在，造成国有企业经理人才大量外流的人力资本损失，给国有企业带来很大的竞争压力。同时，这必将会加快国有企业经营者职业化和市场化的进程，促进国有企业经营者阶层的形成。

在我国，职业经理人的短缺已成为向市场经济体制转轨和建立现代企业制度的瓶颈。可以说现在市场中最缺乏的资源不是资本，而是优秀的职业经理人，加快培养一大批国际化、专业化、职业化的职业经理人，刻不容缓。经济体制改革和建立现代企业制度向纵深发展，要求职业化经营管理人才必须由企业资源转为社会资源。在计划经济体制中，企业管理者与行政官员的身份是可以相互替代的。而在市场经济体制中，无论是国有资产的产权重组，还是法人治理结构的构建，都必须实现财产所有权和法人财产权的相互分裂，即不由所有者亲自经营自己的财产，而将其委托给专门的经营者即公司法人代为经营，从而就产生了一种不同于计划体制下“企业领导人”角色的、将职业化企业家的内在需求作为追求经济效益最大化的企业。没有职业化的管理者，就没有直接意义上的现代企业制度。

职业经理人是伴随现代企业的诞生而出现，独立从事企业经营管理活动，以此为职业，以之谋生，将所经营管理企业的成功视为自己人生成功的专职管理人。所谓职业经理，是指在一个所有权、法人财产权和经营权分裂的企业中承担法人财产的保值增值责任，全面负责企业经营管理，对法人财产拥有绝对经营权和管理权，由企业在职业经理人市场（包括社会职业经理人市场和企业内部职业经理人市场）中聘任，而其自身以受薪、股票期权等为获得报酬的主要方式的职业化企业经营管理专家。

职业经理人与企业家相比有以下区别：①在企业活动中所承担的责任不同。职业经理人负责从事企业的经营管理活动，负责企业资产的保值增值以及股东获得满意的利益，而不一定要承担投资风险和创业风险。职业经理人在企业活动中，只为自己的管理执行承担公司运作风险。职业经理人所承担的责任比企业家小。②在企业发展过程中所起的作用不同。企业家开创企业并对企业进行经营，直到企业发展成为一个管理科学的现代企业，其业务、组织结构发生变化，企业家将企业交给职业经理人管理时，企业家才到所有者的位置，负责企业的重大决策。而职业经理人的进入，一般发生在企业发展壮大过程中，企业所有权同经营权相分离的时候，职业经理人主要从事企业的日常经营管理以及重大决策的执行。③工作流动性不同。由于企业家往往是企业的缔造者，他与企业的财产有密切的联系，一般来说，企业家是不会轻易离开企业的。而职业经理人往往根据企业所提供的职位、报酬以及自己的兴趣等因素，来决定自己的去留。

国有企业改革的目标是建立现代企业制度，而职业经理阶层的产生是现代企业制度的重要标志，没有所有权和经营控制权的分裂、职业经理人员的产生，也就没有所谓的现代企业制度。推进国有企业经理人员的职业化，无疑是深化国有企业改革、建立现代企业制度的必然要求。国有企业经营管理者的选拔、任用、激励和流动机制要从政府行政管理为主转向市场决定、市场运作为主。要建立与健全经营者市场。建立以培育企业家为核心的制度创新体系。包括能使企业家脱颖而出的市场机制、科学的薪酬机制、完备的法律和市场监督机制、可信的企业家资信等级机制。企业经营者的聘任应由市场进行充分选择，由政府委任转向市场聘任，董事会与经理阶层之间不应当保持行政任命关系，而应当建立市场聘任联系，即通过经理市场来选择经营者。竞争上岗的经营者，上岗前要与董事会签订责权利内容完善的书面聘任合同，实施岗位契约化管理。

我国职业经理人制度建设应该从以下几方面入手：

（1）建立健全职业经理人的法律法规，使企业和职业经理人的责权利得到有效的保护和约束。其中包括职业经理人的职业培训、资格取得、与企业的合同关系、职业操守的界定等等。

（2）制定职业经理人职业标准。一个优秀的职业经理人，应该具备非常良好的职业道德、职业素质、教育背景、业务背景。职业经理人要能较好地把工作热情和务实作风结合起来，要能够把所受的教育培训和职业经验恰如其分地发挥在职业过程之中。职业经理人要有强烈的创新意识、冒险精神和坚忍不拔的吃苦精神，要有预见性、洞察能力、决策能力、组织协调能力和知人善任的用人能力。职业经理人要有非常真诚的合作态度。其经营业绩是使其成长和发展的必要条件，而声誉则是职业经理人人力资本的核心内容。

（3）建立健全职业经理人的信用制度。企业所有者将企业交给职业经理人管理，除了认为他管理得更好以外，还有一点就是信任他。而目前，我们的企业所有者凭什么相信职业经理人？我们现在还不能对任何一个职业经理人进行全面公正的评估，因为我们还没有形成以职业经理人信誉为核心的职业经理人培养、评估、选择、使用的市场机制。所以，当务之急是要制定一个职业经理人网络化信誉管理系统。一方面，建立职业经理人人才库，并实行联网管理；另一方面，实行职业经理人评估制度，科学地制定评估指标体系，由权威人士和组织机构定期对职业经理人的工作进行评估，并作为资料记入人才库；同时，职业经理人的聘任以人才库记录的信誉为依据，安排职务和取得报酬。

声誉的核心是信任；信任是人们交往的前提。职业经理人只有通过建立良好的声誉，创造出企业所有者对于其经营管理决策能力的信任，创造出企业员工对于其领导能力的信任，才能成功地担当职业企业家的角色。职业经理人的行为和经营管理活动，具有极大的风险和未来不确定性，需要股东、债权人、职工、政府和顾客等利益相关者的极大信任、理解和支持，这种理解和支持的程度在很大程度上取决于人们对企业家声誉的认可。良好的企业家声誉，能促使各利益相关者形成一种思维定势，即使在企业处于不利的局面下，各利益相关者也会坚定信念，支持职业经理人的各种决策和行为。例如，良好的企业家声誉，可以使企业更方便地得到信贷支持，在同等条件下，条件可能更优惠，从而降低融资成本，提高企业利润。而且，即使企业偶然遇到困难，良好的企业家声誉也会赢得各种支持，有利于企业走出困境。

（4）高度重视与大力培养职业经理人队伍。这是从根本上解决职业经理市场能够良性发展的前提条件。我们虽然不相信“MBA 是企业家成长的摇篮”之类言过其实的说法，但必须承认这类培训对提高企业经营者素质的重要作用。职业经理人的培养首先是在实际的商战中锻炼、熏陶，然后通过学院的教育再走向市场，进一步完善和成熟。设置 MBA 教育的高等院校，是我国职业经理人的摇篮和主要培养阵地，我国的 MBA 教育虽然起步晚于国外，但其作用不能轻视，抓好这个环节的工作，就抓好了我国职业经理人培养的开端。2002 年 7 月 10 日上海 46 位职业经理人经过严格的培训和资格鉴定，获得了《职业经理人国家资格证书》，全国首批持证职业经理人诞生。职业经理人国家资格证书是对企业经营者素质提升的一种认定。

（5）建立职业经理人的社团组织，通过行业自治来维护权利、提高素质。现在参加工商联的都是老板。那职业经理人参加什么组织？是不是需要？目前可以考虑在工商联下面设立分会，职业经理人的分会，大型企业、民营企业在若干资本以上的，他的职业经理人，总经理、副总经理，可以参加到这个分会，这样同行之间的约束就有了。在这个行业里，大家认为你工作能力不行的话，你要再找工作，就没有人敢聘用你。

（6）培育和规范经理市场的运行机制。建立经理市场的实质是建立经营管理者的竞争选聘机制，竞争选聘的目的在于将职业经营者的职位交给有能力和积极性的经营者候选人，而经营者候选人能力和努力程度的显示机制是基于候选人长期工作业绩建立的职业声誉。经理市场的“供方”为经营者候选人，“需方”是作为独立市场经济主体的企业，在供需双方之间，存在大量提供企业信息、评估经营者候选人能力和业绩的市场中介机构。如果把经营者的报酬作为经理市场上经营者的价格信号的话，那么经营者的声誉则是经理市场上经营者的质量信号。基于对经理市场的这些认识，推进国有企业经营者市场化、职业化，应该着手培育经理市场的需方、供方和中介机构，规范其行为，从而逐渐建立以竞争选聘为核心的经理市场运行机制。

政府及组织部门首先要实现职能和角色的转换，由过去直接任命企业经营者转为由企业董事会到经理市场选聘经营者，由过去直接对企业经营者的管理转为对企业经理市场的管理，通过制定经理市场的建立和运行规则，通过对市场运行进行监管，保证经理市场的正常、规范运行。经理市场有效运行的重要机制是信誉机制，职业声誉是企业经营者可以作为一种职业的重要前提。在经理市场上，企业经营者的声誉既是经理人长期成功经营企业的结果，又是经理人拥有的创新、开拓、经营管理能力的一种重要证明。声誉机制可以作为经理市场中的关键的信息披露机制，用于解决信息不对称所产生的“逆向选择”问题。声誉信息具有公共产品的特征，能提供其外部性，使很多相关者同时受益。因此，在建立和规范经理市场过程中，要十分重视声誉机制的建立，对进入经理市场中的每一位经理人员要建立全面的、真实的、连续的、公开的业绩档案记录与信用记录。对于信用有问题的经营者要解除其资格，将其从经理市场中开除出去。

同时，要规范经营管理人才中介机构的行为，促进经营管理者的合理流动。

经营管理人才中介机构不应该承担国有企业经营管理干部管理职能，应该专司收集、提供经营管理人才信息，为供需双方相互选择提供服务，促进经营管理人才的流动。董事会聘用经理人是一种很好的方式，但市场化的最高境界是选择优秀人才的中介的产生，市场化最发达的形态是中介市场，通过中介市场来协调投资人和经理人的关系，从而达到专业化的程度。经营管理人才中介机构要承担经营管理者流动中的人事代理及相关服务活动，这包括人事档案委托管理、行政关系挂靠、党组织关系管理、户籍挂靠、办理出国政审手续、代办养老保险、失业保险和医疗保险等。

第六章　企业人力资本的价值评估与管理

在 20 世纪的最后几年，管理者逐渐接受了这样一个概念，即区分一个企业的关键特征是人，而不是金钱、机器或设备。当我们进入新千年，发现自己身处知识经济浪潮之中时，不可否认的是，人是调节利润的杠杆。在组织中，除了人以外，所有资产都是不变的。它们是被动的资源，需要人的利用方可生成价值。维持一个赢利企业或一个健康的经济体生存的关键在于员工——企业的人力资本的生产力。在美国经济中，国民生产总值的半数以上用于信息成分，显而易见，具有知识底蕴的人是其中的驱动力。

第一节　企业人力资本概述

企业竞争的核心是对人才的竞争，现代企业亟需的是那些有能力应付各种挑战，能推动企业在瞬息万变、竞争激烈的经营环境中不断成长的创业型、管理型和技术型人才。人才更多的是指企业所拥有的人力资源，然而，人力资本却不等同于人才。下面对其进行阐述。

一、人力资本的涵义

人力资本在经济学中是一个旧有的概念，但却是一个较新的研究领域。其中心思想是人的能力在很大程度上是后天获得的，或通过在家庭与学校接受非正规与正规的教育，或通过培训、积累经验以及劳动市场上的流动而开发出来的。这些活动是要耗费成本的，因为它们涉及到由学生、受培训者以及在劳动市场上流动的就业者直接支出的费用，也牵涉到这些人为从事学习、接受培训、实行人力流动的消费支出。由于从这些活动获得的收益主要是在未来逐渐增长的，并且其大部分是相当持久的，因此这种通过耗费成本获得人的能力的活动便是一种投资行为。健康状况的衰退和技能的损蚀或陈旧代表了人力资本的折旧，这些折旧通过保健和再培训这类维护活动而得到补偿（尽管不是无限期地补偿）。

如同亚当·斯密指出，在人力资源投资方面所涉及的概念与有关物质资本投资的经济学概念基本上是一样的。由此，经济分析的标准工具便能够被应用于范围广泛的人类活动中，而不论这些活动是否采取明确的市场交易的形式。这一认识是朝向消除有关人类行为科学的几个领域之间的传统界限迈出的令人可喜的一步。在教育领域也像在其它领域一样，此种进展仅仅是最近才有的事。无论是知识界对于经济简化方法的担心，还是人们对于将劳动视为“机器”的道德上的愤怒，都限制了这种进步，因而使得有关人力资本的现代分析和经济计量研究的出现不过三十多年。然而，此种分析和研究大规模增长的势头可以从以近乎爆炸方式增长的文献目录中观察出来。

本篇综述仅限于研究人力资本对挣得的影响。人力资本的概念比学校教育更广泛，因而不能为了分析的目的而将前者简单地归于后者。由于学校教育仅仅是几个相关的人力资本形式之一，所以当这些其它形式的人力资本被忽视时，学校教育的影响作用也不能被分离出来。

一般而言，可以按照某种生命周期表来表述人力资本投资的一般范畴。比如说在童年时代（还没有正式入学之前），有一部分资源会用到儿童保育和儿童智力开发，也就是说，在这方面的投资就是学龄前投资。而在儿童接受学校教育之后，学校教育对儿童也是一种投资，这与未入学校之前的投资相重叠，并最终达到两者的相互融合。而对于一个职员而言，整个工作寿命期就包含了工作选择、职业培训以及职员作为劳动力市场上的一员的流动。

二、人力资本的特征

（一）人力资本与所有者不可分离

一般而言，提及资本马上会让人想起农业资本和工业资本，事实上也是如此，如一些工业或农业资本的组成，比如，货币、厂房、机器设备、原材料等，不难发现，传统的资本中都有实物作为载体。而这些资本的另外一个特点就是，可以脱离所有者而存在。人力资本与这两者截然不同，这是一个怎样的不同呢？下面来进行解释。那就是，人力资本与人自身有关，知识和技能蕴藏于人体之中，因而人力资本与所有者是一体的，而这个所有者就是知识工作者。经过教育、培训以及事件等活动，知识工作者的知识和技能得到了提高，而所有的资本都储存在人的大脑中，因而，人力资本的载体是活生生的人，而非死板的物体。也就是说，人力资本是一种有意识的存在，而这正是人力资本的最基本特点。

（二）人力资本具有生物性和生命性

上文已经讲到过，传统的人力资本是以物为载体的，这些物不是生物，没有生命，而人力资本不同，它是以人为载体的，人是生物，具有生命，这决定了人力资本具有生物性和生命性。这一点也是人力资本与其他任何形式资本最重要的区别。独特的生物性和生命性决定了人力资本许多与众不同的特性。

（三）人力资本可独立于固定资本发挥作用

人力资本最终归结到人的知识和技能，这些知识和技能主要储存在人的大脑之中，在需要的时候，被拿出来使用，知识和技能的发挥运用在于人的把握，在于人的主观能动性的发挥，可以说，人力资本的发挥并不依赖于企业的劳动工具——固定资本。当然，人力资本不同于普通的劳动力，普通的劳动力只有同生产资料相结合才能创造价值，而人力资本并非这样。例如，管理者、程序设计员、工程师，他们的工作是与任务相联系，用脑进行工作，无需企业的工具，而普通劳动力则不需要多动脑子，只要按照指令机械地进行操作就可以了。

（四）人力资源具有无形性

人力资本贮藏于人脑中，不同于一个摆在眼前的实物，它是不可见的，当人力资本发挥效力时，人们方能感受到人力资本的作用。当然，这种作用有外显的和内在的，因此无法直接将人力资本进行比较和测度。但是，与一些无形资产的无形性不同的是，人力资本是有意识的投资，同时有严格的时间性，它可以与企业等组织相分离，可以从成本和收益来反映它的存在。

（五）人力资本具有可交易性

通俗来讲，可交易性就是可交换性的另一种说法。对于人力资本的特性而言，指的是人力资本产权能够在不同主体之间发生让渡。当然，在具体的让渡过程中，必须合理有序，人力资本不仅具有可交易性，同时还具有排他性，也就是说，人力资本产权的让渡不是无限制、无条件的，正是排他性，使产权让渡的过程中减少了许多不确定性，进而保障了让渡的稳定性。人力资本可交易性的作用在于，有效地调整了人力资本产权格局，人力资本一直保持一种并不利于企业的发展，此时就需要人力资本产权的转换，很显然，正是因为人力资本的可交易性，人力资本配置效率才得到了提高，人力资本产权功能才得以实现。追求利益最大化的动机促使人力资本所有者通过交易主动出让一部分权利。

（六）人力资本没有沉没性

在知识经济条件下，无论是知识的使用方式、使用地点、使用时间，还是知识的流动都随着人力资本所有者的意志而发生改变，人力资本所有者，也就是知识分子。对于人力资本扮演者主要决策者的角色。而人力资本的雇主对这些的影响则越来越小。由于人力资本的生物性和生命性，这决定了人力资本可以毫无损耗地随知识工作者转移，即使发生了新的配置，人力资本也不会沉默，而且在新的配置时成本很低。

（七）人力资本具有风险性

任何资本投资都有风险性，作为众多资本的一种的人力资本也不例外。由于资本具有耐久性，不可能随随便便就发生改变，但外界的环境条件却时时刻刻发生着变化，多样化的市场条件下，资本无法做到以不变应万变，这就决定了资本投资的风险性。一般而言，资本的投资风险包括两类，盈利下降的风险和破产风险。放眼整个世界，技术发生着日新月异的改变，竞争越发激烈，为了不断适应变化的环境赢得最终的生存，企业不断调整着内部结构，整个产业结构也不断发生着调整。在这个过程中，这种附着于人自身的资本也同样面临劳动力市场需求变动所带来的不确定性，而人力资本与其所有者的一体化又决定了人力资本所有者很难通过进入资本市场转让或分散资本所有权来降低投资风险。例如，企业为了发展势必会对员工进行专业的培训，而通过培训，员工的知识和技能得到提高，这又意味着员工随时会有跳槽的可能。这样看来，人力资本投资的风险非但没有减少，反而大大地增加了，甚至在一定意义上远远超过物质资本投资带来的风险。

通过对以上人力资源与人力资本的分析，人力资源与人力资本的差异总结（见表 6-1）。

表 6-1　人力资源与人力资本的概念比较

项目	人力资源	人力资本
内涵不同	人力资源是指经过开发形成一定的能力，强调要充分挖掘人的内在能力，并将这些能力发挥出来，这种内在的能力是早已存在于人体内的，并不存在增值的问题	人力资本指通过一定的投资形成的、存在个人的能力和知识的资本形式，强调通过投资而获得能力，而投资所付出的代价会在使用中得到增值，以更大的价值得到回报
外延不同	人力资源是一个宏观的、概括性的范畴，具有层次性，既包括自然人力资源，又包括经培训才能上岗的、从事复杂劳动的劳动者的能力和知识	人力资本只是人力资源中全部教育性投资的凝固，仅指从事复杂劳动的能力和知识。正是因为如此，在一个劳动力众多的国家，人力资源丰富，但由于知识水平和能力比较低，因而人力资本总量很贫乏
强调重点不同	人力资源强调劳动者的数量，而对劳动者的素质重视不足，即只注重劳动的量，而忽视了劳动的非同质性	人力资本强调劳动的非同质性，即劳动力的素质

三、人力资本的两个方面

谈到衡量人的价值，就必须承认这个问题具有两面性：经济价值和精神价值。我们可以接受人的内在精神价值，并侧重研究其经济价值。事实上，所有对价值贡献的衡量，正是对作为经济个体和精神存在的人力价值进行衡量只有人在运用其固有的人文精神、激励姿态、已知技能和工具操作时，才能创造出价值。

此外，我们还必须应付所谓“只有标准财务信息才是精确的”神话。因为我们实施复式记账法已有 500 年历史，我们逐渐相信财务报表上的数据是真的。这不是特殊个案，而是客观存在。实际上，在资产负债表中，只有现金的数字是真实的，其他所有的数字都掺杂了希望、约定和期待的成分。实际上，我们已构建了一个随时可按照财会标准委员会（FASB）的决策而改变的财务体系。我们愿意承认在符合这一体系框架的范围内，这种财务体系或多或少能告诉我们过去一个时期的财务状况，但其中的数据和人们已知的信息一模一样，每一个经营者都知道这种信息是经过人为加工的。

四、人力资本策略的制定

制定人力资本策略的起点是认识内部劳动力市场的动态过程。人力资本策略不仅服务于企业策略，而且能够预测未来。它通过规划适当劳动力和员工管理策略，创造出未来价值。要制定人力资本策略，必须要回答下述问题。

（1）企业现状如何？企业的劳动力、内部劳动力市场的现状如何？最具影响力的管理实践是什么？

（2）企业的目标是什么？企业策略应该拥有独特的目标，该目标时人力资本的意义何在？

（3）价值的源泉何在？制定人力资本策略，就是为了认识企业的现状和目标愿景，同时缩小两者之间的差距。

（一）认识现状

内部劳动力市场分析（ILM 分析）为我们提供了企业劳动力和相关管理实践的丰富事实，它还能帮助我们预测未来。预测的方式有两种：①提供事实，证明劳动力的相关发展趋势；②根据这些趋势，运用统计模型来预测劳动力的未来状况。这些模型有助于我们了解劳动力动态过程的因果关系。因此它们能够用来预测结果，研究当动态过程中的原因发生变化时会出现什么结果。例如，某企业通过 ILM 分析了解到，新员工的教育水平和早期工作经验会明显影响到他们晋升到管理层的几率。那么，得出该结论的模型应该能够回答下述问题。

（1）在其他条件不变的情况下，如果新招员工的晋升人数增长 25%，那么在 5 年的时间内会有多少断员工晋升到管理层？

（2）新招聘政策对公司的员工保持率和薪酬成本有何影响？

ILM 分析的建模功能能够帮助我们较好地认识某个政策的改变，例如新的招聘方案，会给整个人力资本系统带来多大的改变。企业掌握的事实越多，就越能灵活地预测未来。

当然了，定量的 ILM 分析并不是无所不能的。我们应该通过其他渠道搜集相关资料和事实获得启示。这些渠道包括小组座谈、调查和员工采访等。通过这些渠道，我们能获悉人力资源信息系统和其他数据库无法提供的资料。

（二）描述目标愿景

目标愿景描述的大部分内容属于定性分析，需要依赖专家的意见和经验。企业会求助专家，分析目前或将来的企业策略中的劳动力，并给出结论。我们所熟悉的访问、调查、小组座谈以及结构性策划会议等都是定性资料的来源。此外，我们还可以挑选出一些客户和供应商，询问他们对企业愿景的想法，以及他们对劳动力的要求。认真研究竞争公司的策略和战略意图，也能获得重要的定性认识。

定量分析是描述目标愿景的第二个方法。ILM 分析能从劳动力管理的角度为我们提供清晰数据，展望目标愿景。但是，详细描述目标愿景还有另外一个定量分析工具，企业绩效驱动模型。

实际上，企业绩效模型属于一种定量分析的方法。这种方法对于分析连续的企业绩效记录是非常有效的，目的是能够更好地认识影响生产力、盈利率、质量，同时保持一定的客户信息。这些因素对商业结果和企业目标愿景至关重要。

认识人力资本创造价值的驱动因素对于有效制定策略十分重要。首先，这能够避免失误。例如，企业策略的某种变化也许会影响到劳动力管理实践，但是如果这些实践密切关系到企业的高绩效呢？在这种情况，变化会不会铸成大错？如果人力资本实践对企业绩效的影响得不到合理评估，那么不管变革看起来多么合理，企业都将无法知晓变动所带来的影响。了解所有的事实，包括人力资本特点和实践的事实，对明智的战略决策至关重要。

和 ILM 分析工具一样，企业绩效驱动模型涉及统计模型，在预测方面也很有帮助。ILM 模型的重点是劳动力产量，而企业绩效驱动模型的重点则是商业结果。

决策者有了企业绩效驱动模型工具，就能够预测劳动力实践和劳动力特征的变化会对企业绩效造成的影响。例如，有的公司也许会问：如果我们加快和客户直接打交道的员工的调换速度，那么这会给客户保持造成多大影响？

接下来，本书将详细讨论企业绩效驱动模型工具，并利用精辟的案例分析说明它对于制定人力资本策略的作用。

（三）探讨企业绩效驱动模型

企业绩效驱动模型包括一整套统计工具，能识别特殊的人力资本实践和特征对企业绩效的影响。尽管这里涉及的统计模型和在 ILM 分析中用到的差不多，但是，其中资料的来源更充实一些。和 ILM 分析一样，企业绩效驱动模型运用到了人力资源系统和工资系统里的资料。此外，它还用到了财务、质量控制、市场营销和运营等部门的资料。这些资料为考核企业绩效提供了依据。

1．生产函数

生产函数方法是微观经济学中的一个核心概念。生产函数是计算生产过程中投人与产出关系的数学表达式。在这个经典函数中，等式左边（“结果”或者“因变量”）代表的是在某一特定时间段的产量。这在金融术语中可能表达为“增值”（added value）：表示净收入和投入成本的差额。等式右边（“因子”或者“自变量”）是资本和劳动力的指标。

在传统的微观经济学的分析中，等式右边所代表的劳动力（即人力资本）的指标过于简单和单一化，只有总人数、工作小时数或者薪酬成本。因为生产函数日益成为实用的管理工具，所以，我们应该运用 ILM 分析中得出的信息，亦即劳动力特征和管理实践等影响员工生产率的一系列特殊指标来取代上述指标。实际上，人力资本的特征不胜枚举（工龄、多元化、教育水平、以往工作经验等等），管理实践也数不胜数（招聘、基本工资、浮动工资、培训、工作调换等等），它们都受到管理的影响和控制，所以，分析结果对于战略决策的优先排序十分有用。多元回归分析（Multivariate Regression Analysis）能够测定这些因素的相对重要性。

2. 葛兰杰因果关系检验（Granger Causality）

企业绩效驱动模型系列工具中还包括葛兰杰因果关系检验分析。如果要集中研究一个或几个人力资本问题的企业影响，这个方法尤为实用。员工流失就是一个最好的例子。

大多数机构都认为员工流失是一件坏事。这个未经证实的假设体现在记账系统中。他们把和员工流失相关的所有工作都和成本联系起来——离职过程所耗费的时间、面试和筛选、招聘新员工等，此外还包括广告和招聘人员的报酬等直接成本。该估计数字还会随着员工流失人数的上升而成倍增加，结果我们就有了这样的结论："这家公司去年的员工流失成本为 16 090 423.31 美元。"注意，数字是一定要有的。虽然该数字的大部分可能都是出于猜测。该结论有两个内在假设：①员工流失的成本很高；②员工流失对企业造成负面影响。

奎斯特诊断公司（Quest Diagnostics）并不满足于对员工流失的常规假设。它想知道，究竟员工流失是否真正要紧。如果真的很要紧，那么其程度又如何？员工流失究竟是否影响到了重要的企业结果，或者它只不过是企业中的正常部分？为了寻找答案，公司运用了葛兰杰因果关系检验工具，分析了员工流失对一系列企业绩效指标的影响，包括公司试验室机构的季度运营利润。

利用葛兰杰因果关系的观察发现，结果变量（例如运营利润）的最佳预测因子和之前相同时期的预测因子相同。因此，根据前面季度运营利润的趋势，我们可以较准确地预测出当前季度的运营利润。从数学角度而言，这意味着模型的右边（预测因子）也包含了运营利润。要计算出员工流失成本，我们应该确认前面时期的员工流失是否能够提高预测当前运营利润的准确性。如果等式右边多了员工流失，能够提高预测的准确度，那么我们可以肯定员工流失对企业有影响。如果影响程度很大，员工流失就应引起我们足够的重视。员工流失的确是一个企业问题，减少员工流失的价值也明确了。模型说明了员工流失每降低 1 个百分点，运营利润（和其他结果）能提高多少。因此，我们能够预测出减少员工流失的举措和投资所带来的经济回报。

要解决问题，下一步就要找出员工流失的原因。这里要用到 ILM 分析工具。

总而言之，企业案例的分析很具说服力。根据《人事管理》(People Management) 杂志的报告，奎斯特公司减少了员工流失，并获得了回报，数字和预测结果很相近。

企业绩效驱动模型的其他手段还包括结构等式模式（Structural Equation Modeling），该方法能够有效评估长期内影响的作用及其程度，并且是评估精选管理方案对企业影响的正式工具。这些评估的实际对象是企业试行的新计划和新方案。

例如，国民城市公司 (National City Corporation) 为了新企业策略而推出了旨在提高员工技术和客户服务的在职培训方案，并对这些方案进行了评估。方案投资额非常大。评估包括了好几个部分，例如接受培训的员工学到了多少东西，他们的在职表现提高了多少等。最突出的一项是测量方案对企业绩效指标的影响。公司运用了一系列的统计建模方法，测定出该方案大大提高了企业绩效，尤其体现在经常账户和储蓄账户的数量上升，以及养老金、保险金的增长。国民城市公司的举措为它赢得了“最佳公司大学奖”以及《劳动力》(Workforce) 杂志评出的“最优财务影响奖”(Optimas Award for Financial Impact)。

第二节　企业价值中的人力资本价值

一、企业价值的概念

（一）企业价值的含义

追溯历史，在 20 世纪 60 年代初期，由于市场结构的调整和改变，产权市场也发生了很大的改变。市场价值随之产生。美国的管理学者率先提出了这一概念。

企业价值是由市场上的投资者来评估的，最终能够产出多少现金流量是关键。资产是过去的投资累计额减去折旧部分后的金额，资产减去负债便是股东资本。

这是我们每天实际看到的以账面价值为基础的企业价值，而市场上的投资者所看到的企业价值与此不同(见图 6-1)。企业的资产价值不是指使用了多少金额，图 6-1 右侧写着“市场价值”的资产负债表的“将来的业务活动产生的企业的资产价值”部分，即预计在将来的业务活动中会产生的现金流量的现值，才是企业的资产价值。这部分再加上现金，则构成了企业的总资产价值。该金额减去有利息的负债则为股票价值，即市价总额。

如此看来，提高企业价值就是提高企业的资产价值。也就是说，不是为过去使用了多少钱，而是为今后产生多少现金流量而努力。

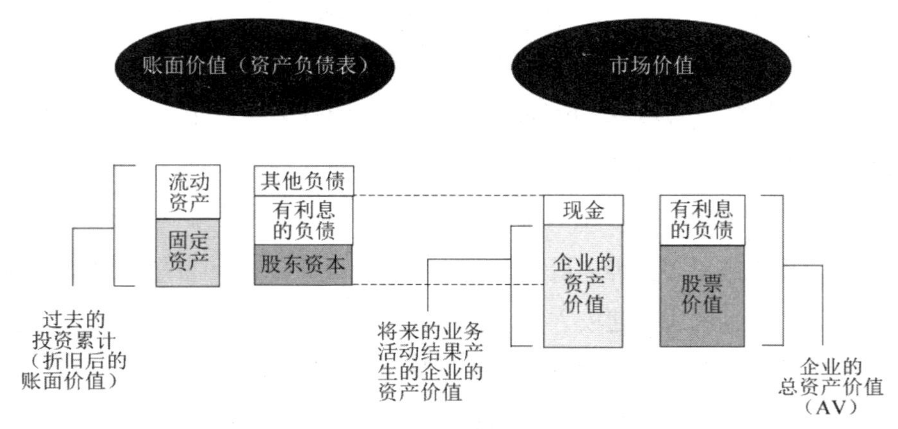

图 6-1　企业价值概念的比较

然而，图 6-1 左侧的以账面价值为基础的资产负债表，需要具备专业的会计知识和会计人员。但是，如果会计人员的活动到此为止，那么企业价值是否增大未必清楚。如果说将来的现金流量的现值是企业的价值，那么就必须让投资者理解怎样能够产生这种将来的现金流量。

通常看来，企业价值主要集中体现在企业产品和服务的价值上，可以说，实现了企业产品和服务的价值就意味企业价值的实现。

企业的价值计算公式为

$$V = \sum_{t=1}^{N} \frac{C_t}{(1 + WACC)^t}$$

式中，V 表示企业价值；C_t 表示现金流量；N 表示企业的预期寿命；$WACC$ 表示加权平均的资本成本。

企业的主要任务和最终任务是创造价值，谋求更好的发展。对于社会而言，企业的价值体现在为社会成员提供产品和服务，尽量满足人们的物质需求和精神需求；对企业自身而言，企业价值就主要体现在利润的增长和积累上，同时还体现在改善员工的生活工作条件，积累现金流量。可以说，这两个方面是相辅相成的。在市场运行中，通常人们只会把实际的物品归为产品，而实际上，企业同样也是一种特殊的产品。作为产品的企业如何体现它的市场价值呢？那就要看企业的购买者或称企业的投资者或所有者愿意支付的价格。企业创造的投资收益率高，愿意购买它的人就多，它的价值就大。

（二）企业价值的相关概念

1．市场价值

在市场经济中，当人们谈及企业价值时，通常是指企业在资本市场上的价值或其普通股的总价值。上市企业的价值是由股票市场决定的，未上市企业的价值也在很大程度上受股票市场影响。

企业的市场价值是证券交易所对上市企业股票的报价或未上市企业股票的估价。在证券交易所中，股票的市场价格像股票交易指数反映的那样，每天都随企业的实际或预期经营结果、行业市场状况，以及宏观经济波动而发生变化。市场价值就是市场的交易价格，每股市价就是投资者愿意就企业每股普通股所支付的价格。企业高层管理人员的主要目标是确保企业股票在任何情况下都能保持最好的市场价格。

2．账面价值

企业的账面价值是按照会计标准人账的资产和所有者权益的会计价值。它是按照账面价值列示的资产总额减去负债与优先股之和。以股东权益的账面价值除以发行在外的普通股股数，就是企业的每股价值。

3．票面价值

票面价值是企业主观赋予股票的名义价值，数值较小，多标注在股票票面上，用以确定企业对外发行的普通股的价值。它以元/股为单位，其作用是用来表明每一张股票所包含的资本数额。在中国上海证券交易所和深圳证券交易所流通的股票的面值均为“壹元”，即每股一元。

（三）企业价值的管理

1．企业价值管理的重点

根据企业价值的定义和计算公式，决定企业价值的主要变量有 3 个：即企业未来的现金流量 *C*、加权平均的资本成本 *WACC* 和企业的预期寿命 *N*。这 3 个变量与企业价值管理中的投资、融资和分配三类活动密切相关（见图 6–2）。

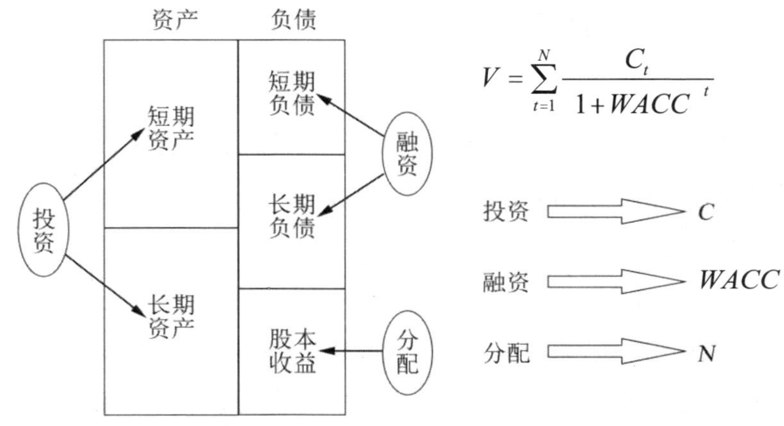

图 6–2　资产负债表与价值管理的关系

现金流管理是企业价值管理的核心内容，从根本上说，“现金就是国王”。为使股东投资的价值最大化，管理人员就要注重提高经营的期望现金流而不是账面的利润。

一般而言，自由现金流量有两种：①企业整体自由现金流量；②企业股权自由现金流量。下述来对两种自由现金流量作出解释。整体自由现金流量是指企业扣除了所有经营支出、投资需要和税收之后，也就是除却清偿债务，剩余的那部分现金流量；而股权自由现金流量指的是，扣除所有开支、税收支付、投资需要以及还本付息支出之后的剩余现金流量。一般会将剩余现金流量使用到计算企业整体价值上，包括股权价值和债务价值；而股权自由现金流量仅仅只用来计算股权价值。一般会用一个简单的式子来表述股权自由现金流量：利润＋折旧－投资。

决定企业未来自由现金流量的因素有多种，其中最主要的因素是投资。现金流入产生于投资回报。好的投资项目，可以为企业带来持续不断的现金流入；而投资决策的失误，则会导致企业亏损。企业价值与其自由现金流量正相关，自由现金流量是股东评估企业价值的一个重要测量工具。许多投资者把企业产生自由现金流量的能力摆在考察指标的第一位，利润、股息和资产价值等指标的增长都是由企业产生现金的能力决定的。因此，未来的现金流管理在很大程度上取决于投资管理的好坏。

企业价值等于企业预期现金流量按企业资本成本进行折现。通常在经济学领域，企业资本被分为 3 种，这 3 种分别是债务资本、股权资本和混合类型资本。站在不同的角度，资本成本具有不同的面孔。如果站在投资者角度，资本成本是投资者投资特定项目所要求的收益率，或称机会成本。若站在企业的角度，资本成本是企业吸引资本市场资金必须满足的投资收益率。无论站在什么样的角度，资本成本都是由资本市场决定的，它存在的基础是资本市场价值。

2．企业人力资本对价值管理的影响

企业组织正在经历着一场天翻地覆的巨变，这不仅是因为全球化，还因为出现了一种真正让跨国公司富于竞争力的驱动因素，这就是信息交换。对于这一能力，森吉（Peter Senge，美国当代管理学大师，致力于将系统动力学与组织学习、创造原理、认知科学、群体深度对话与模拟演练游戏融合，提倡“学习型组织”，著有《第五项修炼》）曾作过这样的概括。

开天辟地以来，人类首次具备了创造信息的能力，其信息之多，远非常人所能吸纳；具备了培育相互依存的能力，其相互依存之深，远非常人所能驾驭；世界变化步履之快，远非常人所能追随。

信息始终具有极大价值。美国历史上的第一位百万富翁是马萨诸塞州塞勒姆市的伊莱亚斯•德比。塞勒姆是美国的第一个重要港口，在这里，无数的金银财宝在气度非凡的商船上得而复失。但聪明的德比从不需要在商海中如履薄冰，战战兢兢。他聚敛财富时总能够平安无事，当船只往返于世界已知的各个目的地时，德比本人则留在塞勒姆市，搜集有关船长、船员和港口通行证等信息资料，了解什么类型的货物在哪些港口间进行交易，成交价是多少。掌握了这些情报之后，德比就可以把宝押在安全系数最大、利润率最高的船运货物上。

德鲁克断言，当前和至少未来十年内，组织面临的最大挑战就是如何应对从工业经济到知识经济的转型。他提醒我们，每个组织的目标和职能，是将专业化的知识融入到日常作业中去这种把知识当作识别特征的转变，影响着组织管理的方方面面，包括经营效率、市场营销、组织结构和人力资本投资。在那些难以预料、面广量大、迅捷匆忙的变化面前，人们的应变能力直接或间接地影响到组织管理的每个因素。邦蒂斯告诉人们，人力资本作为信息技术的雇佣者，是有效运用控制组织知识、创造更多商业成果的重要前提。最后，毫无疑问，没有人力资本的活动和生产效率方面的严格数据资料，实际上根本无法进行有效竞争。

对于人力资本数据的需求来说，令人尴尬的是，信息科技在处理组织方面的能力，可能会阻碍人们正确理解事物并作出有效反应。保存在组织的数据库中的绝大部分数据，并不是按照有利于企业领导管理人力资本或发展商机的目的来进行搜集和有序组合的。由于目前的员工成本可达企业总开支的 40%以上，因此衡量人力资本中的投资回报是非常必要的。管理层需要一套度量基准模式，对员工的成本曲线和生产力曲线进行描述和预测。定量的衡量手段侧重成本、产量和时间，而定性的衡量手段则把重点放在价值和人的各种反应方面。定量的衡量手段告诉我们发生了什么，而定性的衡量标准则提示我们发生的原因。两者结合起来，为深刻了解结果和动因（或起因）提供了帮助。例如，如果看到成本或交货时间增加，就可能发现问题的源头在于质量，产品质量不佳导致返工，因而延长了交货期限。推迟交货，就会引起客户不满，客户不满，就可能寻找其他供应商；而失去客户，就会导致销售成本上升，因而增加了生产成本。

鲁姆勒和布拉谢运用自身在流程改进方面的经验，得出结论说："我们相信评估措施是绩效管理的核心和改进绩效的工具，因此，它特别值得认真对待。"他们继而指出，如果没有评估措施，就无法：①针对具体的绩效期望进行沟通；②了解组织内部正在发生什么；③确认必须进行分析和消除的绩效筹距；④将绩效与某一标准或基准尺度进行比较，并提供反馈；⑤对应当奖赏的绩效予以认可；⑥支持与资源分配、行动规划和进度有关的决策。

二、决定企业价值再造的因素

（一）内在因素

1. 企业盈利能力

由于每个企业的成长历史，成长状况不同，因而企业的盈利能力也有差距，有的差距甚至很大。一般可以通过企业财务指标上的企业的税后净营业利润可以看出企业的盈利能力。

2. 企业文化

企业文化是企业在经营管理过程中形成、倡导的，被大多数企业人员普遍认同接受并自觉遵循实践的价值理念、行为方式、规章制度和物质表现的总和。在企业的实际表现之中表现为企业的沿袭的传统与习惯、愿景、使命、价值观、管理模式、行为准则、行为方式和道德规范等。

在企业的经营管理中，企业文化起着强化凝聚力的作用。企业文化潜移默化地熏陶着每一个企业员工，一般而言，如果一个企业文化比较浓厚，这个企业的员工通常比较团结。同时这种协调性、积极性、组织性对企业价值的增长也是极为有利的。企业文化通常还直接影响到企业核心竞争力。企业文化可以影响企业的组织活动、管理活动，以及企业的主导价值观，从而对企业的价值创造能力产生影响。

3. 人力资源及其管理

缺乏人才的企业不是好企业，当然，对人才不善管理的企业也不是一个优秀的企业。对于一个企业而言，人力资源是一种特殊的资源，只有有强大的人力资源做后盾，企业才能稳定地保持竞争优势。人力资源管理的好坏会影响员工的态度和行为，员工的表现会进一步影响企业价值，如产品质量、生产率等指标，这样就会引起企业价值的变动。

4．产品价格与质量

价格与质量是影响顾客选择的最终决定因素。一个企业获得利润、获得顾客的青睐的核心要素就是能够有价格适当的优质产品，在价格上取胜的同时不忘记把好质量关。首先，毋庸置疑，产品质量的好坏直接影响到一个企业的声誉，如果产品质量良好，那么在同类产品中，顾客就会更加青睐质量好的产品，并且会发挥隐形广告的作用，将好质量的产品广而告之，从而扩大了市场，但如果质量劣质，顾客就会放弃选择这类产品，该产品所占的市场份额也随之缩小。其次，价格直接影响顾客的决策，同时价格还会影响到产品以及服务的销量。如果产品价格太高，这也不利于产品的销售，不利于企业价值的实现。

如果一个企业重视产品和服务的流程，那么，与此相关的一系列其他流程也会跟着发生改观。如浪费会减少、运转时间会缩短、生产成本会降低、生产力会提高。但如果错把流程当做目的，就是很危险的事。全面质量管理是以流程为重心，其目的是要为客户产出优质的产品或服务。不过，很多公司运用了全面质量管理后，却变得太在意“流程”，对最终的“目的”反倒视而不见。如果质量方案所生产出来的产品无法让客户觉得有价值，也不愿意付出相等的代价，那就表示努力的方向有问题；而这正是质量报酬（Return on Quality，ROQ）改革的理论基础。如今重视信息的公司都会先确定投资能带来可观的收益，才会投入改善质量的行列。本书认为，如果要获得可观的质量报酬，先决条件就是质量方案终究必须为客户创造出新的价值空间。

5．要素价格

要素价格对价值创造能力具有负面作用，也就是说，如果要素价格越高，那么企业的价值创造能力恰恰越低。通常情况下，企业会采取一定的措施来避免或阻止要素价格的提升，从而来保护企业效益。这些措施包括使用劳动力来替代设备投入，采用一些新兴技术来降低能耗，采用一些新工艺、新技术来提高提高企业的资源使用效率等。当然，对于资本密集型和劳动密集型产业，企业价值会随着要素价格的改变而发生变化，而技术密集型和知识密集型产业中企业的价值创造能力受要素价格波动的影响要小得多。

6. 企业治理结构

“企业治理结构是企业所有者对企业的经营管理进行监督和控制的一整套制度安排”，其最基本的内容是借助市场来实现对企业的间接控制或外部治理，最终的治理目的是为了创造更加有利的条件，比如说，制定更加有利的制度，更好地安排一些任务。调整企业治理结构，能够有效减少或避免信息不对称造成的风险，保护所有者的利益。企业治理结构对关心企业价值的利益相关者及其相互关系产生重要影响。

（二）外在因素

1. 企业技术水平

当今世界，如果一个企业没有自己的核心技术，那么它很难长久立足。对于一个想要长久发展的企业而言，技术上的进步有着于其他因素相比不可替代的重要作用。 坚持质量可以确保产品或服务符合客户对品牌的期望，进而创造出效用价值。但如果要扩大这个价值空间的范围，公司就必须寻求技术创新。举个例子来说，假设原来的黏胶可以承受 120℃的高温与 230 磅的拉力，经过重新设计后，现在有办法承受更大的温度变化，这就表示客户可以享有更大的效用价值。技术创新的目标是要提高产品或服务的功能水准，像美国运通公司就为持卡人引进了一种新功能，当持卡人想要购买网上的东西时，就会收到一组只适用该次交易的卡号，而且每次买东西时都会收到一组新号码。如此一来，持卡人就不必再担心卡号会被盗用。换句话说，产品和服务上的技术创新就是在让产品的优点比现在多，以便为客户创造出更理想的效用价值空间。

2. 制度环境

制度往往起到两方面的作用，一方面是约束。另一方面是促进。制度环境主要包括 4 个方面的内容，“用于降低交易费用的制度；用于影响生产要素的所有者之间配置风险的制度；用于建立组织与个人收入之间联系的制度；用于确立公共物品和服务的生产与分配的框架的制度。”

3．产业因素

由于每个企业的发展历史不同，因而发展规律也不尽相同。而这个规律直接影响到企业竞争力的发挥。主要表现在以下 3 方面：①产业的盈利水平和价值创造能力，不同产业为企业提供的价值创造环境差别很大，即使同一个产业在其发展的不同阶段对企业的价值创造能力也有不同的影响；②企业核心业务能力的战略环节，不同产业的价值链构成不同，其创造价值的战略环节亦不相同；③经济规模。企业的运营与盈利能力不仅要达到规模经济的要求，而且还涉及聚集规模经济的问题。另外，市场结构对企业的价值创造能力也具有重要影响，产业市场集中度的高低直接影响到产业市场的竞争形式和竞争激烈程度。

三、企业价值空间再造

价值空间是由所谓的 3P 所组成，包括效用（Performance）、价格（Price）与个人化（Personalization）。以这 3 种要素而言，大家对价格都很熟悉，对效用也不陌生，只不过公司和客户往往把效用称为“质量”。后面还会提到.效用是比较广泛的用语，本书也认为它比较能代表客户实际寻找的价值。在这 3P 中，个人化是大部分经理人比较不熟悉的部分。他们对这个词汇并不陌生，只是很少用它来描述他们对客户的付出。一般的说法都是“服务”或“客户服务”，但这么做的问题在于，“服务”这两个字已经被滥用，几乎可以泛指一切，因此反倒失去了原有的涵义。“交易简单”则是比较理想的说法，有些经营者也加以采用。客户除了希望“交易简单”外，还希望与商业经营公司打交道时能感受到人情味，而这也是个人化其中的一个目的。

（一）效用价值空间

在这个价值空间中，客户所寻找的产品与服务要能符合本身的条件，并产生预期的结果。举例来说，假设客户在找一种钻胶，希望它能在 120℃的高温下接合物件，并承受 175lb（1lb=0.454kg）的压力。如果钻胶经营者保证没有问题，瀚胶就必须具备这种效用。如果它达不到这种效果，客户就成了冤大头。同样地，假如你把薪资账册外包给商业经营公司做，你绝对会要求员工每次都要能准时拿到薪水，而这就是所谓的效用价值空间。

卡特彼勒有一种开矿用的拖引机，它会自动找出最佳路径，以利搬运开矿及建筑时所产生的废土。对于需要搬运废土的客户来说，卡特彼勒就是在创造出类拔萃的效用价值空间（而对其他市场上的客户来说，其他公司也是如此）。

（二）价格价值空间

在价格价值空间中，客户所要求的就是售价要公道合理，其他花在收购与产品上（像是运送和维修等）的财务成本也要尽量减少。事实上，客户所寻找的就是产品或服务的最低成本。

客户在考虑价格和成本时，当然也会考虑到自己的收入。因此，客户多半都会以产品的优点来判断价格和其他成本的“合理性”。举例来说，你把公司的薪资委托外面的公司处理，就是希望能得到物美价廉的薪资服务。你情愿支付较高的价码，也不愿意向不可靠的公司购买廉价的薪资服务。尽管如此，你还是希望一方面能让薪资服务达到你所要求的可靠度，一方面又能拿到最好的价码。而所谓最好的价码就是指低于或相当于其他类似服务的供应商所收取的费用，或是低于自行制作薪资明细所需要的成本。

就价格的价值而言，这点十分重要，否则有人会误以为是要以（就绝对的角度来说）较低的价格换取较高的价值。大家过去总以为折扣商所提供的客户价值要比纯服务零售商来得高，但实际这是一种误解；而且可想而知的是，这种想法也完全不符合客户对价格价值的实际看法。事实上，价格的价值是指客户对于具有“既定”效用价值的产品与服务所能取得的最低总成本。

UPS 为什么不希望你指定用空运的方式送包裹呢？这是因为它希望能帮你找出最便宜的陆运及空运组合，以便帮你省钱；而且对于它少收你的包裹钱，你也不用觉得不好意思。像 UPS 和其他代表公司的做法都是在创造出类拔萃的价格价值空间。

（三）个人化价值空间

最后，客户都希望找到容易打交道的公司。基本上，客户所要的是牢靠的购物经验，也就是必须具备方便、提供预备协助、交货有效率等特性。举例来说，假设你的公司要买黏胶，你当然希望所找的公司能以最快的速度提供产品样本以及一切必要的信息，以便让你评估黏胶的特定用途。你会要求产品要准时送，而且还要完全配合你的存货管理方式。你所喜欢的公司是每当黏胶不够时，很容易就能找到联络窗口；如果遇到像是送错货物或开错发票的情形，也会马上补救。除了这些必备的功能属性外，你还希望公司在交易时能配合你的需要，解决你的“疑难杂症”，而不是光给一个制式的答案。这也表示它不会一成不变地套用公司的政策，也不会把你当成统计数字，而会在你需要的时候听候你的差遣。换句话说，你希望公司能以个人化的方式和你做生意。你希望公司不仅“容易打交道”，而且更能带来愉快的体验。这就是我们所谓的个人化价值空间。

四、人力资本价值的构成

（一）人力资本的投资成本价值

形成人力资本不是一朝一夕的事情，而是一个长期积累的过程，在这个过程中同时充满着许多变数，因而这个过程又是一个动态的过程。整体而言，人力资本投资成本不仅包括人力资本进入企业前的原始价值投资成本，而且还将企业人力资本投资囊括在内。

（二）人力资本的剩余创造价值

在人力资本为企业创造价值时，人力资本要素发挥着重要作用，这部分就是人力资本的剩余创造价值。

一般而言，拥有参与剩余分配权利的并不是所有的人力资本，而只是其中的一部分，通常还会与一定的社会生产力发展水平有着密切关系。“物竞天择，适者生存”，对于人力资本而言同样适用，社会生产力的发展水平决定了哪些人力资本才可以继续存在下去。而这又决定了生产要素相关的的资本性质，如风险承担、收益不确定性、可抵押性等。

第三节　企业人力资本的价值评估方法

一、国内外企业人力资本的价值评估

关于人力资本的定价，学术界经过了许多研究。不仅在经济学中这是一个热点问题，同时在管理学中，它也引起了广泛的讨论与探究。在以往的研究中，关于人力资源的管理主要倾向于定性分析，这样就不可避免地忽略了定量分析。在传统的会计学中，往往关注了物质资源而忽视了人力资本。自从人力资本会计作为会计学的一个崭新分支诞生以来，学术界对人力资本价值计量的研究才逐步深入。国外学者有关人力资本价值计量的主要研究成果（见表 6-2）。

表 6-2　国外主要人力资本价值计量方法表

计量方法	理论依据	前提	核心方法
未来工资报酬折现法	脱离一般会计成本观念	员工工资与其对组织的价值之间有确定的关系	个人价值方法提供人力资本产出的信息精确性计算
内部竞价法	人力资本供求规律	设定仅稀有人力资本才具有价值	稀有人力资本价值由各部门或各利润中心通过投标竞争来决定
经济价值法	脱离一般会计成本观念	企业未来预期盈余的一部分即为人力资本价值	将组织未来各期的收益折现，按人力资本投资率计算出人力资本价值
随机报酬价值法	脱离一般会计成本观念	员工对于组织的价值在于他在未来时期能够为组织提供的服务	考虑员工的服务年限、服务状态、处在各种状态的概率来计算个人对组织的期望实现价值
商誉评价法	企业商誉评价理论	将企业的超额利润看做人力资本的贡献	通过企业超额利润的资本化确定人力资本价值

在我国，学术界对人力资本理论的研究始于20世纪90年代，然而，由于刚刚着手，因而忽略了人力资本定价理论的研究，关于这方面的研究是近些年才逐渐成为研究热点的，思路上也大致沿袭国外学者的研究。详细明确地表述（见表6-3）。

表6-3　国内主要人力资本价值计量办法表

计量方法	理论依据	核心方法
管理贡献法	管理贡献可以计量	采用相关财务指标，通过建立管理贡献明细账，对员工绩效进行评估
当期价值法	人力资本价值要依据当期投入的价值和当期创造的已实现的价值之和来计量	人力资本的完全价值应是从人力资本加人企业到退休所能创造的全部价值
完全价值测定法	马克思主义价值创造理论	人力资本的完全价值应是从人力资本加人企业到退休所能创造的全部价值
未来净资产折现法	与完全价值测定法类似	人力资本的完全价值等于人力资本在未来服务年限内的必要劳动和剩余劳动所创造价值的折现
调整后的完全价值法	对完全价值法的修正	人力资本的价值应该等于人力资本的补偿价值加上企业利润中属于人力资本的部分
调整的随机报酬价值法	对随机报酬价值法的修正	引入人力资本报酬系数，对将企业的全部收益归结为人力资本所创造的价值进行修正
人力资本贡献价值法	企业产出价值是人力资本和物质资本共同作用的结果	人力资本贡献的价值等于人力资本贡献率乘以企业价值增加值
人力资本相对价值法	影响人力资本价值的因素是人力资本存量、地域、企业和行业，据此求出人力资本的相对价值	根据影响人力资本价值的因素，求出人力资本价值在不同个人之间、不同群体之间相对比较得出的相对价值
人力资本利润率法	人力资本利润率取决于人力资本的市场供求状况及其在企业利润中的贡献率	人力资本利润率与人力资本的稀缺程度成正比，与其在企业中的贡献率成正比

由于近几年来我国经济的发展，国家整体环境比较稳定，学者们能够专心致力于人力资本定价的研究，因而取得了一定的成就。但我国各方面起步较晚，而且，有自己见解的理论并不多，大多数研究是在国外研究的基础上进行拓展的，

因而对人力资本定价问题的研究角度较为分散，并没有形成统一的认识，关于这个领域的研究，前途是光明的，道路是曲折的，相信在不久的将来，在众多学者的努力探索下，我国终究会有自己的研究成果，并为整个国家经济的发展做出一定的贡献。

二、人力资本价值评估的方法研究

（一）以成本为基础的评估方法

实施成本评估法的前提是将资产的重置成本确定下来，然后再来评估它的原价值。具体的方法就是在原价值的基础上减去资产折旧，从而有效地得到资产的当前价值。这种评估方法不是凭空而来得，其有一定的理论依据，下述进行简单介绍。

（1）成本决定了价值的再造，资产的成本决定了资产的价值。如果资产的成本本身就很高，那么它决定的资产价值就越大，相反，如果资产的成本不多，那么资产价值就不大。

（2）资产的价值不是固定不变的，而是随时会发生改变。它是一个变量。

（二）以收入为基础的评估方法

1．工资报酬折现模型

工资报酬折现模型是一种最常用的方法，在现代很多企业中，都会采用这个模型来衡量人力资源的价值。这个模型的基本思路是，如果某一员工的在同等的时间内取得的工资报酬越多，说明这个员工越有价值。

当然，采用这个模型也有一定的前提。这个前提就是要确保某人在其全部服务生涯中肯定不会离开这一组织，且此人在该组织中会终身从事一个职业。但实际情况往往不是这样的，员工往往会因为各种各样的原因而调换工作或者发生跳槽行为，这种方法在实际操作时不可避免地出现了一些弊端，往往高估了个人的预期服务年限，这就意味着人力资源价值也被高估了。除此之外，这种计量方法的基础和依据是员工的工资状况，但事实上，不少企业员工不是缺乏能力而是缺乏热情，这就说明这种模型低估了人力资源价值。

2．调整后的未来工资报酬折现模型

1964 年，美国密执安州立大学的赫曼森教授提出了这种模型，在他看来，可以将效率因素来作为未来工资报酬的调整值，并且可以根据调整后的未来工资报酬折现值来计算组织内职工的人力资源个体价值。这种模型有一定的优势，因为职工工资确实与企业价值存在一定的联系，当这个联系被确定了，根据这个模型就可以将人力资源的价值准确有效地表示出来。

第四节　企业管理中的人力资本管理

一、企业战略中的人力资本管理

（一）核心人力资本管理

一般来说，核心人力资本主要包括核心管理层和创新团队等企业关键能力要素的持有者。不可否认的是，由于企业的驱动类型不同，还有同一个企业的生命发展周期不同，这就导致企业的核心人力资本也有所差异。在进行核心人力资本的管理时通常有以下 3 点值得注意：

（1）要因人制宜。无论是人力资源管理规划，还是最终转化成的人力资本，所关注的焦点核心都是人，因而在管理时要将对人的管理作为一项重点内容来进行处理。企业组织应注重对核心人力资本载体的需求分析，建立优质的、长期性的甚至是战略性的合作关系。同时，在关注个人的发展的同时一定要遵循集体主义，不能只顾个人不顾组织，当然也不能只顾组织而不顾个人个性化的发展；除此之外，还要特别强调员工的忠诚，更要讲对人才的保护；不仅要注重共性，同时要注重个性，使共性与个性兼容发展。

（2）关注员工满意度。员工的满意度对企业的发展有着相当大的作用。试想，如果员工对企业不满，可能是对工作条件、工作环境不满意，也可能觉得付出与回报相差太大，对工资薪酬不满意，所有的这些不满都会导致员工在工作时消极怠工。通常，满意度还与忠诚度、敬业度密切相关。因而，关注员工的满意度对于企业的发展具有十分重要的意义。

（3）实现人力资源的资本化。人力资本不同于人力资源，从人力资源到人力资本需要一个过渡和转化。如果能够将人力资源在很短的时间内转化成人力资本，那么在同行业中，企业的竞争优势也就越大。而迅速转化离不开对员工的集中培训，从而增强员工的知识和技能，为人力资源更好地转向人力资本做准备。

（二）战略人力资本管理

企业的发展归根到底是人的主观能动性的发挥，而企业中的人最主要的就是企业员工。“一个好汉三个帮”，再好的领导如果没有员工的帮衬和协助，那么也无法施展领导的魅力，企业因此也得不到发展。在实施战略人力资本管理时需要注意以下 3 方面：

（1）培育员工客户观。由于当前国际经济形势的影响，我国国内经济形势也比较复杂，企业的竞争不断加剧，各种相关关系要素也发生了深刻的变化。在这个大的前提下，企业人力资本的产权特征进一步显现。企业与人的关系变得更加复杂化和多样化，管理层与员工的关系由以往生硬的管理变成人性化的管理，企业与顾客的关系也变得更加密切，甚至角色发生了转变，企业生产逐渐以顾客的需求为导向，这样就需要人们重新认识和界定企业价值获取方式与企业经营目的。

（2）对员工进行个性化激励。人力资本价值时企业价值中的一种，因而它对于整个企业价值的实现具有重要意义。如何实现人力资本的价值，使人力资本的价值能够得到最大程度的发挥，对于企业管理者而言是一门学问。对待员工要用激励的方式，而不是一味地苛责。在采取激励方式时，不仅要讲究激励的形式，同时还要把握好激励频率。激励是理解、回报、定期嘉奖，核心在于信任和尊重，关键是时机的把握。

（3）各得其所，促进和谐。每个企业都应该遵循“以人为本”的原则，不仅能够提供薪资报酬满足员工的物质需求，同时还要考虑员工的精神需求，多多关注员工所想所思，能够让员工不仅适应自己的工作环境，同时在工作环境中各得其所、乐在工作，提升对工作的热情度。在构建和谐社会的大环境下，企业的发展也离不开和谐。而企业和谐的最高境界是人岗匹配，各得其所。

二、企业人力资源管理中的人力资本管理

（一）吸引人才

（1）要建立有效的聘用战略。企业的性质决定了它需要何种人才，即用人目标。企业的用人目标就是吸引能够为企业创造最大价值的最优秀的人才，这个目标应该是由人才和劳动力共同组成的。既然你需要确定为新的雇佣要花费多少资金，为什么不进一步确认你希望从对聘用员工的投资中获得什么样的回报呢？有关这些回报与其他评估指标相比更容易数量化，但是如果要用度量方式来量化人力资本的生产率，那么招聘流程就是一个开始。

（2）建立人才数据库。企业面临的最大挑战是搜集有关人才的数据并进行分析。企业会到不同的地方招聘人才，包括大学和研究所、商业协会，在报纸和网络上发布招聘广告招聘人员，通过职业介绍所或者是经过其他员工介绍。企业的这些活动将产生非常重要的信息，这类数据纪录包括录用日期、离职日期、年龄范围、员工是如何听说你的企业的等。一旦企业拥有了足够的信息，就能够分析员工工作的时间长短，从而发现最优秀的员工大部分都是通过其他职员的介绍而进入企业的。

（3）建立标准和程序。一个有效率的人事制度或用人手册是企业的重要文件。企业不仅在招聘人员时需要这些标准和程序，在应聘者正式成为企业员工后也要遵守。

员工们都希望能在愉快的环境中做一份有意义的工作，这样他们才能感觉到他们所做的努力是有价值的。不同人在求职时可能有不同的动机，有人可能更多地为金钱所驱使，而其他人是想得到一份稳定的工作；有人想要让职业生涯平稳一些，但有些人就喜欢不断地跳槽。年轻人想要获得感兴趣和有很大进步空间的工作；中年人想要找到有职业成就感的工作；而年龄再偏大一些的人可能更看重工作的稳定性。无论怎样，人们都想找到让他们感觉公平和有价值的工作。

（4）终止关系。在企业发展过程中，不可避免的是有人要离开。很多企业在

出现困难时就开始解雇员工，接下来企业将会变得失去吸引力。员工们感到企业丝毫没有情义可言，很多员工会产生不满情绪。想要留住员工对企业的好印象，聪明的企业在解雇员工时会尽量做得有人情味，让员工在离开企业时感到很有尊严，在它们下次招聘时给人以亲切的印象。

员工会因为个人和职业的原因而选择自动辞职。退休或调转工作是较容易理解的两个原因。有些员工选择离开是因为他们感到企业中已经没有发展的机会了。问题的关键在于人才流失是因为这种“合理的”理由，还是说人才选择离开是因为他们觉得在你的企业里没有得到重视。如果企业存在经常性的人才流失问题，就应该检查究竟是什么原因造成的了。

（二）组织资本

企业要创造一种环境，能够给员工机会去发展并发挥潜能。组织资本提供基本设施和支持以帮助提高员工的价值，反过来员工价值的提高又为达到组织目标奠定了基础。

企业组织内部的混乱会影响其对人才的利用。在传统的层级制度中，员工各司其职，他们的价值是通过他们创造出的产品价值来衡量的。知识经济导致企业等级制度的逐渐消失，知识型企业并不趋向于多层级的制度。员工们在企业的聘用期限内为自己的工作负责。然而，他们通常却对应负责的结果没有足够的权力来完成相应的工作。

在组织中价值是由各个等级共同创造的，并不仅仅是管理层。安排员工在适合他们的岗位工作，让他们的才能得到充分的发挥和展现，这样的话，员工就会了解他们是怎样为企业价值做出贡献的。企业等级制度的改变会给企业机会去挖掘其员工的潜能。

第七章　企业人力资源竞争力诊断分析

第一节　人力资源竞争力诊断概述

企业人力资源竞争力诊断是管理咨询人员通过对企业人力资源管理诸环节的运行、实施的实际状况和管理效果进行调查评估、分析人力资源管理工作的性质、特点和存在的问题，提出合理的改革方案以使企业人力资源管理工作达到“人”与“事”的动态适应性目的的一种顾问服务活动。可见，人力资源竞争力诊断过程应视为帮助企业人力资源管理人员做出改进工作、提高管理效率、开发和引导人力资源的有效途径。因此，人力资源竞争力诊断的作用一方面体现在诊断人员能凭自己丰富的管理知识优势，较为迅速地帮助企业发现人力资源管理工作中存在的问题，提高管理水平；另一方面，通过人力资源竞争力诊断活动，可以使企业管理者与诊断人员双方的实践经验和知识技能得以交流，有利于提高企业管理者的经营能力。

一、诊断内容及其要点

由于企业中“人”与“事”之间的关系错综复杂，人力资源管理的内容也很多，因此，人力资源竞争力诊断的内容主要包括以下 6 个方面：

1．人力资源管理政策和人力资源管理组织诊断

其诊断要点如下：

（1）企业有无明确的人力资源管理方针、政策；

（2）人力资源管理组织是否适应企业特点和规范；

（3）企业员工是否了解企业人力资源管理方针、政策；

（4）人力资源管理制度是否健全；

（5）人力资源管理部门与其他部门上下左右关系是否协调、融洽，沟通是否有效。

2．人力资源管理考核诊断

人力资源管理考核是晋升、奖惩、培训等人力资源管理工作的依据，其诊断要点如下：

（1）有无完整的考核制度和严格的考核规程；

（2）人力资源管理记录是否完整、实事求是；

（3）人力资源管理考核的方法、程序是否适应不同考核目的和不同考核对象；

（4）人力资源管理考核结果是否具有权威性、是否被有效适用。

3．人才教育培训诊断

其诊断要点如下：

（1）人才培训是否在职务分析基础上进行；

（2）人才培训是否与能力开发有机结合；

（3）人才培训的重要作用是否被重视；

（4）人才培训的方式、方法、内容、设施及实施时间是否有效；

（5）对培训效果和培训成本是否有较完整的评价、反馈体系。

4．工资诊断

工资作为企业人力资源管理中最敏感领域之一，其诊断要点如下：

（1）工资总额诊断包括：①工资总额如何确定；②工资总额是否反映员工意愿；③是否考虑了人工费用的支付能力限度。

（2）工资体系诊断包括：①工资制度是否与企业经营方针、生产性质相一致；②是否能吸引人才、调动员工积极性；③存在的问题。

（3）工资、奖金激励结果诊断包括：①工资奖金结构；②工资奖金能否体现职务差别；③提薪晋升的方法是否适合且制度化。

5．人员调配、适用诊断

其诊断要点如下：

（1）人员任用是否有计划按职务要求进行；

（2）对新进员工如何管理、评价；

（3）能否做到因事择人，人适其职；

（4）对能力不适合者如何处置；

（5）是否实行能力晋升制度。

6. 人际关系诊断

其诊断要点如下：

（1）企业经营目标是否得到员工支持；

（2）是否经常进行员工意见调查；

（3）各部门、各职务之间权责分割是否明确、协调；

（4）员工参与管理状况如何。

人力资源竞争力诊断正是通过对上述人力资源管理各方面的调查分析，找出管理中的症结，以提出切实的改革方案。

二、诊断程序及实施要点

人力资源竞争力诊断活动的进行有一定的程序要点，一般遵循诊断的申请（企业）→情报的收集→情报分析→问题提出分析→编制诊断报告书→实施（企业）顺序逐步展开，实施步骤（见表 7-1）。

表 7-1 人力资源竞争力诊断程序

诊断阶段	实施方法	调查内容
（1）预备诊断	· 资料收集 · 组织诊断小组	· 企业提供有关资料 · 外部资料 · 整理研究资料
（2）正式诊断		
①综合调查	· 巡视企业 · 产品研究 · 面谈	· 了解企业概况 · 人力资源管理运行概况 · 提出问题
②详细调查	· 统计分析 · 实际调查 · 面谈	· 部门调查 · 管理分析、心理分析
③总结阶段	· 诊断人员协商 · 面谈	· 详细调查总结 · 调整 · 编制诊断报告书

续 表

诊断阶段	实施方法	调查内容
（3）建议	· 口头说明 · 报告书，报告会	
（4）指导实施评估		

三、各阶段诊断实施方法

1．预备诊断的实施要点

预备诊断是为正式诊断做准备的，因此正式诊断的规模越大，预备诊断越应该细致，只有预备诊断做得好，正式诊断才能迅速、准确，但预备诊断也不应耗时耗力过多，以免喧宾夺主。

预备诊断操作如下：

（1）预备诊断表的编制。预备诊断表是为了初步收集企业人力资源管理工作资料而准备的，因而最好能设计标准格式，以使企业人力资源管理部门有关工作人员能正确填写。

（2）诊断小组的组成。即确定诊断小组的成员，一般根据受诊企业的状况、规模、诊断人员的能力以及人力资源管理部门的实际情况而定；要求诊断人员、人力资源管理部门主管和企业经理共同组成。

（3）收集内外资料。包括企业所属行业的特点、面临的市场竞争和劳动力市场状况等有关信息。人力资源管理部门应提供有关企业发展、组织机构人事制度及运作全套规程等原始资料。

2．正式诊断实施要项

正式诊断是整个人力资源竞争力诊断活动的主体，通常持续较长时间。在这一阶段，诊断人员将进行分散调查和集中协调，一般经过以下顺序：

（1）综合调查。其目的在于通过调查企业经营概况和人力资源管理部门运营状况，了解所面临的问题，制订详细的调查方案。诊断人员可以通过与人力资源管理部门主管、企业领导人和其他有关人员面谈获取信息。

（2）详细调查。根据人力资源管理工作的主要职责分类别、有重点地调查分析，此时可采用人力资源管理工作运作分析，事务、程序分析或依据有关报表进行统计分析等方法。

（3）总结阶段。这一阶段是根据归纳出的详细调查结果制订的综合性改进方案，以便向企业经营决策者和人力资源部主管进行说明，交换意见，因此需要经过如下几步：

1）诊断人员协商，对每个人的调查分析结果进行汇总、讨论、综合，然后就全面改革方案的归纳、总结作协商。

2）与企业管理者面谈，主要讨论改革方案的内容及构想，双方互相交换意见，反复讨论研究，其目的是使企业理解人力资源管理工作中的主要症结和变革方案，同时补充、修改方案中的不完整部分。

3）汇总诊断结果、编写诊断报告书、同时举行诊断报告会，让企业管理人员、全体员工和诊断员工共同参加，加深全体人员对变革方案的理解，以促进人力资源管理的顺利实施。

至此，一个人力资源竞争力诊断的全过程基本完成。

四、诊断的方法

由于人力资源竞争力诊断涉及企业“人”的管理和“事”的管理，因而采用的方法与一般经营诊断的侧重点略有不同。人力资源竞争力诊断多采取如下方法。

1．实地观察

诊断人员在诊断过程中常到企业内走动，进行现场观察，仔细调查、询问了解企业的工作气氛。一个富有经验的诊断人员以此往往可以较准确地获得有关人力资源管理工作状况的感性认识。这种方法直观，但对规模较大的企业来说，则需投入较多的人力。

2．面 谈

面谈是人力资源竞争力诊断的一个有效的方法。一名优秀的诊断人员只需与少数人进行面谈，便可以对企业人力资源管理乃至整个企业状况有较准确的概念，并对组织运转状况有较准确的认识。因此，面谈是人力资源竞争力诊断人员获取第一手资料的一个有效的方法。

3. 调查问卷法

调查问卷法也是人力资源竞争力诊断最常用的方法之一，即通过设计问卷来了解企业人员的意愿。依据不同的人力资源竞争力诊断目的，可以设计出调查对象不同、结构不同、调查内容不同的问卷。对调查结果进行加工、分析、核对后所提出的相应的改革措施，员工也易于接受。经验表明人们对他们能影响的决定会支持，反之则不然。

调查问卷法可以用来诊断企业运营状况，也可以用来分析单个人力资源管理部门的管理效果，是人力资源竞争力诊断中最有效的方法之一。

4. 统计分析法

对人力资源管理部门提供的有关报表用数理统计方法综合分析，揭示某方面的变动趋势。由于统计分析手段较客观，所得出的数据也较有说服力。

5. 图像描绘法

人力资源竞争力诊断的目的在于改善人力资源管理状况，最终需通过诊断人员、企业管理者和全体员工三方共同努力，促进企业的发展。因此，诊断人员将分析结果加以量化成图像，让全体人员参会，听取诊断人员的解释和评论。显然，用这种方法所取得的效果比刻板的说教更易于让员工理解，也较容易获得他们的支持。相反，大量的文字和数据则往往使人不知所措，因而缺乏说服力。

6. 特尔斐催化法

这是一种诊断企业的新方法，其基本步骤是由诊断人员对企业有关方面获取数据或数据抽样，然后分析这些数据，并作出带有几个探索主要方面问题的初步报告，再将可供选择的处理观点制成一览表，要求对此提供反馈或不同意见，当那些步骤得到最大限度回答时，即可最后定稿。

以上提供几个人力资源竞争力诊断的方法各有其特点，诊断人员可以在实际工作中谨慎选择，方能取得满意的效果。

由于人力资源管理的敏感性、复杂性和较强的政策性，也由于人力资源管理中“人”与“事”的管理二者之间关系的错综复杂，有时难以明确区别，因此，人力资源竞争力诊断所涉及的部门范围很广，常常不仅仅局限于人力资源管理部门，而且还牵涉到整个企业的经营目标、管理理念和生产战略以及其他有关部门的管理。人力资源管理部门的变革会影响其他部门的工作，这就给人力资源竞争力诊断增加了难度。在实际诊断中，诊断人员应该注意把握以下几点：

（1）明确人力资源竞争力诊断的根本目的在于充分发挥企业员工的积极性、创造力和潜能，以及改善人力资源管理效果，提高企业组织效率，因此，人力资源竞争力诊断不是为了把员工管“死”，也不会损害员工的根本利益，企业管理人员和全体员工必须理解认识到这一点，人力资源竞争力诊断工作才能顺利、有效地进行，所提供的改革方案才能有广泛的基础。

（2）分析人力资源管理部门与企业各职能部门的密切联系。人力资源管理涉及的绩效、士气、价值取向、行为方式均体现在企业员工投入、转换、产出的各项基础活动中，与财务管理、物资管理、信息管理的功效关系十分密切，因此，进行人力资源竞争力诊断不可把目光局限于人力资源管理部门内部的工作，还要树立全方位、全过程的系统的人力资源管理思想，这样才能正确认识企业人力资源管理工作中存在的实质问题，在制订改革方案时，才能和企业各职能部门的业务管理工作和整个企业的经营管理有机连接，不至于导致人力资源管理工作与其他部门的工作割裂开来。

（3）人力资源竞争力诊断应与培训工作结合起来，以提高企业人力资源管理部门工作人员的素质。诊断是短期的，管理却是长期的，只有通过诊断活动普及有关现代化管理的理论和实践知识，使人力资源管理者掌握科学人力资源管理方法，才能保证企业人力资源管理工作长久高效地运作。

人力资源竞争力诊断必须尊重企业现行的人力资源管理政策和人力资源安排。一个企业得以生存发展，必然有其存在的依据，其原有的人力资源管理制度、体系和规程均与企业生产经营的性质和管理风格有密切联系，片面否定企业原有做法只会造成管理的混乱。因此，人力资源竞争力诊断报告书的提出应把握住“分寸”，既要克服阻力，又要循序渐进，人力资源竞争力诊断才会取得满意的结果。

第二节　人力资源竞争力诊断分析

人是生产者要素中最重要的因素，人也是企业各种资源中最宝贵的资源，因而企业活力的源泉在于企业中的全体员工，员工素质的高低决定了企业的兴衰。

一、企业人力资源竞争力诊断的含义

企业人力资源竞争力诊断是关于企业人力资源管理工作的现状评估、发展规划、优化方案设计等的一种智力服务。其包括两个范畴：①主要涉及劳动过程中人与人、人与物、人与劳动环境的相互关系如何处理；②涉及对劳动者本身的具体管理，主要包括劳动者的招收、聘用、调配、培训、考核、晋升和奖惩等方面的政策和方法。

企业人力资源可以分为工人、学徒、工程技术人员、管理人员、服务人员5种，分类标准按有关部门的规定。

在企业人力资源管理中经常需要研讨和诊断的问题有：

（1）人员选聘，包括各类人员的标准确定、挑选方法等；

（2）人与事搭配，如何量才录用、因事设人；

（3）根据人与事的特点，提供相适应的工作特点；

（4）如何提高员工的积极性；

（5）如何增强各生产单元、工作部门以及整个企业的凝聚力。

二、诊断前的准备

（1）请受诊企业提供以下18项资料：

1）企业从业人员数及构成情况；

2）组织机构及职权范围；

3）劳动纪律和出勤情况；

4）过去一年的生产情况；

5）各类人员的变动情况；

6）工资和奖金情况；

7）离职、退休制度及其执行情况；

8）作业规划和实施情况；

9）人力资源管理考核和能力评价的方法；

10）现场整顿和安全卫生状况；

11）教育训练情况及其效果；

12）提薪、晋级手续及执行状况；

13）部门之间、人员之间的情报交流情况；

14）福利保健设施及利用状况；

15）领导及从业人员的素质状况；

16）人际关系状况；

17）从业人员的工作热情；

18）近 3 年的劳动生产率变化情况。

（2）搜集和整理现行的人力资源管理政策和管理程序。包括受诊企业的上级行政部门在人力资源管理工作方面的例行原则、工作贯彻等。

（3）了解受诊企业劳动环境的特殊性。

（4）准备诊断计划和调查问卷。

调查问卷根据专题进行设计，切忌勉强套用，这里提供 3 种问卷的样式：①企业管理者行为调查问卷，（见表 7-2）；②企业凝聚力调查问卷，（见表 7-3）；③员工需求结构调查问卷，（见表 7-4）。

（5）了解和掌握同行的劳动生产率水平、人员结构状况、行业内享有较高知名度的人物及其成长过程。

（6）了解和掌握企业的经营战略和组织战略，以及围绕经营战略而拟订的产品发展计划、技术进步计划和投资计划，还包括与人力资源开发有关的其他资料。

下述列出了 16 种管理者行为表现，评价意见在“现状评价”栏的适当位置画

"√"，你理想中好的管理者在这方面应如何做，在"期望"栏的适当位置画"√"，其中，3 表示总是，2 表示当时是，1 表示不是。

表 7-2　企业管理者行为调查问卷

题号	题　目	现状评价			期望		
		3	2	1	3	2	1
1	行动果断，个人决定事项，从不征求下属意见						
2	向下布置工作不说理由						
3	下属与自己在工作上有不同意见，表现很不满意						
4	对下属工作的失误总是批评、处罚						
5	企业组织的文娱、郊游等业余集体活动总是积极参加						
6	从不越权直接指挥下属手下的人						
7	很重视和支持职代会、管委会的工作						
8	鼓励下属对工作经常提出批评、建议						
9	很重视周密安排工作，生产计划						
10	对下属严格要求，经常检查他们工作完成情况						
11	定期评价下属的工作成绩						
12	重视规章制度建设，要求下级照章办事						
13	对下属工作、生活上的困难总是给以关心						
14	对下属学习业务、技术总是给予支持、指导						
15	对下属的需要有了解并努力使之得到满足						
16	在工作、生活中及业余时间与下属经常保持较多接触						

表 7-3　企业凝聚力调查问卷

题号	题　目	评价与回答				
		5	4	3	2	1
1	你认为你所在的企业发展得很好吗					
2	你认为你在本企业工作个人有奔头吗					
3	你认为你企业的管理者有足够的能力把企业办好吗					
4	你个人的前途与本企业的兴衰是紧密相联的吗					
5	你认为本企业兴旺发展后个人可以得到较高的利益吗					
6	你愿意为本企业的发展献出个人毕生精力吗					
7	你在本企业工作自豪吗					

续 表

题号	题 目	评价与回答				
		5	4	3	2	1
8	你的亲属对你在本企业工作感到满意吗					
9	在公开场合你愿意佩戴企业徽章或表明是本企业员工吗					
10	你与你的上级能融洽相处吗					
11	你与你周围的同事们在一起时很愉快吗					
12	你对本企业同事们一起参加业余文娱、郊游等活动感兴趣吗					

评价与回答："5"为很好，很满意；"1"为很不好，很不满意。

你的基本情况：

你是：管理人员　技术人员　工人

你的年龄是：35 岁以下　36—50 岁　50 岁以上

你的性别是：男　女

表 7-4　员工需求结构调查问卷

1．遇有下列 6 种工作情况，你认为哪一种比较符合你的理想？请在右侧一栏内打"√"表示	
（1）优厚的经济收入，但工作较辛苦，社会地位较低	
（2）工作安全、轻松、舒适，但经济收入不高	
（3）领导体贴下属，同事关系融洽，经济收入一般	
（4）部门和职业受到社会和亲属尊重，经济收入一般	
（5）有学习提高的良好机会，能掌握一门技术或知识，经济收入一般	
（6）能充分发挥个人聪明才智，事业上能取得成就，经济收入一般	
2．工作中可能遇到下列情况，你是怕出现哪种情况？请在右侧一栏内打"√"表示	
（1）管理者对你的工作不能公正评价	
（2）管理者与你意见不合，矛盾很大	
（3）工作部门内同事间互不信任，关系紧张	
（4）自己努力干好工作得不到同事理解，甚至招来冷嘲热讽	
（5）用非所学，发挥不了专长，有劲使不出来	
（6）工作过于简单、单调、枯燥无味	
（7）工作任务复杂、困难，经常感到有压力	
（8）工作中得不到学习、提高的机会	
（9）从事的职业别人看不起	
（10）分配制度不合理、不公平	

三、诊断的基本内容

企业人力资源竞争力诊断，主要包括人力资源管理方针和人力资源管理组织诊断；确保劳动力的诊断；人力资源管理考核诊断；能力开发和教育培训诊断；保护劳动力论断；工资管理诊断和人际关系诊断等。其诊断要点如下：

1．人力资源管理方针和人力资源管理组织诊断

在生产力的组织管理中，人是居于主导地位的。因此，重视人的作用，加强人力资源管理，大力开发人才是企业提高劳动生产率和增加收益的重要途径。人力资源管理方针和人力资源管理组织诊断的要点如下：

（1）企业有无明确而具体的人力资源管理方针及其实施计划；

（2）人力资源管理组织是否适应企业的特点和规模；

（3）从业人员是否彻底了解企业的人力资源管理方针；

（4）人力资源管理制度是否健全，有无实施细则，执行情况如何；

（5）企业在人力资源管理方面采取的各项措施是否以人力资源管理方针为依据进行调整；

（6）人力资源管理部门和其他管理部门之间能否经常沟通思想，交流情况，相互关系是否协调。

2．人力资源管理考核诊断

人力资源管理考核是企业对从业人员进行考察的重要手段，是进行人员安排、晋升、奖惩、能力开发的科学依据。考核的目的，主要是为了教育和培训，促进从业人员素质的提高。人力资源管理考核诊断是企业人力资源竞争力诊断的主要内容之一。其诊断要点如下：

（1）人力资源管理记录是否完整；

（2）是否有成文的人力资源管理考核规程；

（3）人力资源管理考核的方法是否适当；

（4）对评定人员是否进行了教育；

（5）人力资源管理考核的间隔时间是否适当。

3．能力开发和教育训练诊断。

能力开发和教育训练是现代企业经营的战略任务，为了不断提高企业的素质和增强竞争能力，企业经营者越来越重视对企业人员的能力开发和教育培训工作，能力开发和教育训练诊断成为企业人力资源管理论断的重要课题。其诊断要点如下：

（1）能力开发是否在职务分析的基础上进行；

（2）有无教育训练计划，实施情况如何；

（3）教育训练是否与能力开发和工作调动有机结合；

（4）教育训练与人员晋升是否做到有机结合；

（5）教育训练的方法、设施和时期是否合适；

（6）教育训练的效果是如何评价的。

4．工资诊断

工资诊断包括工资总额诊断、工资体系诊断、基本工资诊断和奖金诊断等。

（1）工资总额诊断。它是指对工资、津贴、奖金、各种福利费等伴随劳动力的使用支付的全部费用的管理，其中心问题是如何根据企业支付能力判断工资总额规定得是否适当。工资总额诊断就是根据企业财务报表，对工资总额的管理状况进行诊断。其诊断要点是：①工资总额是如何确定的，是参照同行业平均水平决定的，还是根据本企业平均水平决定的；②决定工资总额时是否与工会协商，并考虑了广大从业人员意见；③是否考虑了工资费用的支付能力。

（2）工资体系诊断。工资体系是构成工资总额的各种工资支付项目的总括。其诊断的要点是：①现行工资的作用如何，与企业的经营方针是否一致，是否有利于生产效率，管理水平和技术水平的提高，是否有利于录用新人和保持现有人员的稳定，是否有利于调动从业人员的积极性；②企业经营者对工资问题的认识如何，有无改善工资管理的愿望；③现行工资体系存在哪些问题，从业人员对现行工资体系有哪些不满和意见。

（3）基本工资诊断。进行基本工资诊断的要点是：①基本工资有哪些要素构成，它在工资总额中所占的比重如何；②工作业绩在基本工资中是如何体现的；③

受诊企业有哪些津贴，与基本工资的关系如何；④基本工资的构成方法与企业性质是否相符合；⑤晋升、提薪的基准是否明确；⑥各种工资成分的比率是否恰当。

（4）奖金诊断。发放奖金具有对有功者奖励和生活补助的特点。发放奖金的目的是多种多样的，有的是对有功者的奖励，有的是变相的生活补助，有的是利润分配，有的是对全年工资总额的调节。与发放奖金的目的相对应，发奖的方法也多种多样，有的一律平均，有的强调考核，有的突出工作成绩，有的重视年功，有的重视全面考察。奖金诊断的要点是：①受诊企业的奖金与企业经营方针、人力资源管理方针的关系如何；②发放奖金的目的和发放奖金的方法与企业性质和特点是否相符；③奖金的固定部分与随企业盈利状况浮动部分的构成比率是否适当；④奖金总额的决定方法和奖金的分配是否适当。

5．人际关系诊断

人际关系诊断包括对受诊企业的提案制度、情报交流制度、人力资源管理咨询制度以及小组参与制度的诊断。其诊断要点如下：

（1）是否有明确的工作目标？

1）企业的全体成员是否都了解其工作目标；

2）是否定期地进行从业人员的意见调查；

3）从业人员完成工作目标的热情如何；

4）从业人员在制定目标时是否充分发表了自己的意见；

5）工作目标确定后，能否根据情况的变化及时进行调整；

6）对完成工作目标的情况是否给予了公正的评价。

（2）情报交流的状况如何？

1）受诊企业采用何种手段进行情报交流，其效果是否明显；

2）妨碍情报交流的原因有哪些；

3）各职能部门之间的工作是否协调，有无扯皮和拖拉现象；

4）上下级之间、同事之间能否经常沟通思想、交流情况；

5）现行组织机构能否适应情报交流的要求。

（3）人力资源管理咨询制度的执行情况如何？

1）人力资源管理咨询由谁担当，是上级部门还是专门顾问，或者人力资源管理部门；

2）从业人员是否乐意找他们反映自己的不满、不快和困难；

3）有无人力资源管理咨询记录，在人力资源管理中如何利用这些资料的。

（4）提案制度实施情况如何？

1）有无提案制度，执行情况如何；

2）在提案活动中，现场管理监督者对其部下是否给予必要的协助；

3）对提案能否以统一的尺度进行公正的审查；

4）全年提出多少提案，被采纳的比率占多少；

5）有无提案奖，实施效果如何；

6）对未被采纳的提案是否向提案人说明了未被采纳的原因；

7）提案实施效果如何。

（5）小组参与制度执行情况如何？

1）有无 QC（质量管理）小组，无缺点运动小组，小组活动开展如何；

2）小组长是否受到专门的教育训练，能力发挥如何；

3）小组成员能否畅所欲言，各抒己见；

4）小组活动的课题是如何确定的，在小组活动中应用了哪些管理方法；

5）小组参与活动的效果如何，有什么经验，还存在什么问题。

四、诊断的基本方法

1. 量表调查法

量表调查法是用一种标准化的等级量表，通过组织测评、群众测评、自己测评等多种途径，对人力资源管理状况进行全面调查的方法。

量表调查法的优点是调查项目设计严密，调查的问题明确，被调查的对象的意向选择比较规范，计量方法统一而又合理，调查结果便于计量，便于比较分析。

经理基本素质调查表（见表 7-5）。

2. 问卷调查法

问卷调查法是对个别访谈的一种补充，调查面较大，但也属于抽样调查方法。问卷调查的进行一般先作问卷设计，根据调查目的编制一套结构性的问句，并由回答人在不受干扰的条件下独立填写，在规定时间内收回，最后由调查人汇总整理。问卷调查中必须注意以下 6 点：

（1）问句贴切，用词正确，所问之处与调查目的相一致；

（2）一问不能两答，语义明确，不要含糊其辞；

（3）不用威胁性的语句；

（4）问句排列要合乎逻辑，便于回答者思考；

（5）问卷回收率必须达到一定的比例；

（6）要作问卷信度分析。

表 7-5　经理基本素质调查表

序 号	基本素质	打 分	权 重
1	事业心		
2	纪律性		
3	原则性		
4	求实精神		
5	竞争性		
6	廉洁性		
7	民主性		
8	服务性		
9	自　知		
10	坚韧性		
11	管理知识		
12	知识面		
13	自学能力		
14	专业水平		
15	综合能力		
16	书面表达能力		
17	口头表达能力		
18	谋　略		

续 表

序 号	基本素质	打 分	权 重
19	决 断		
20	指 挥		
21	应 变		
22	创 新		
23	任 贤		
24	交 往		
25	劝 说		
26	协 调		
27	工作效率		
28	工作实绩		
29	威 信		

3．人力资源功能测试法

人力资源功能测试法，就是对企业各类人员德、智、能、绩进行定性和定量相结合的测量、评价，是一种用于人力资源考核和人才选拔的科学方法。人力资源功能测试的要素包括以下 4 种结构：

（1）素质结构。素质是指人的大脑、神经等生理方面的先天素质，在人力资源测评中引申为人的思想素质和品质素质，通常由事业心、政策性、责任心等要素组成。

（2）智力结构。主要指各类人员的一般能力和知识结构，这是先天素质、社会历史和教育因素以及个人努力四者相互作用的结果。通常包括各类人员的知识面、观察力、思维力等。

（3）能力结构。主要指各类人员的特殊能力和专业结构，是完成社会活动的本领和各种心理特征的总和，通常包括工作经验、处事能力、组织能力和创造能力等。

（4）绩效结构。主要指各种人员的工作成效，这是物化的素质和智能，也是素质和智能水平的重要标志，通常由工作质量、数量和效率等要素组成。

人力资源功能测评是人力资源业绩考核的工具，一般要求采用“多层测评法”，即评定时既要有足够的评定人数，又要求评定人分层取样，保持一个合理的结构，还要评定人在没有外界干扰的条件下，独立自主地进行评定，以保证充分发扬民主，从多种角度获取信息，防止评价结果的片面性。

4．个案分析法

寻找和选择典型事件、典型人物、典型单位进行人力资源组织、结构、功能、发展规划和人力开发方面的研究，力求分析方法的科学性和应用上的可操作性。

五、人力资源功能正常发挥的标志

1．人力资源功能正常发挥的意义

对人的科学管理是企业诸项管理中的灵魂。在企业活动中，人是人力、物力、财力和信息的创造者，同时又是这些资源的载体和“变压器”——通过人可以放大或缩小这些资源的功能。如何充分发挥各类人员的潜在功能，是企业人力资源管理的核心，也是企业整体运行正常化的保证。

在论述高质量工作的含义时，可根据企业实际提出 6 个特征。

（1）工作是有趣的、挑战性的，并且是负责的；

（2）工作人员得到公平的酬劳，并承认他们所做的贡献；

（3）工作场所是清洁的、明亮的、安静的、安全的；

（4）监督是最低限度的，但需要时是可以使用的；

（5）影响员工工作的决策应由他们参与制定；

（6）提供必要的生活福利。

高质量工作的人力资源功能充分发挥的标志，上述 6 条事实上是人力资源功能最佳化的条件，它是一种激励机制，也是调动人力资源积极性的途径和方法，企业人力资源管理的最终目的就在于最大限度地调动人的积极因素，以推动企业经济效益的提高。

2．动机——功能模式

人力资源功能的发挥程度取决于动机，动机即人的需求和期待。这种需求和期待形成个人的行为目的，乃至企业的发展目标，人们总是为实现某种目的而行动，为达到某种目标而努力的。对于动机不妨作两种分类：①内在的需求，表现为个人实现感、晋级和加薪；②外在的需求，表现为对企业的贡献，是否出色地完成任务。从动机到实现的全过程是不确定的，为了实现功能的理想化需要有效的人力资源管理政策，以最大的概率来实现需求。

3．人力资源功能正常发挥的标志

企业进行人力资源竞争力诊断或企业对人力资源自我检查时，都希望有一个理想的管理标准，而一个理想的管理标准的制定，需考虑许多方面的问题，现汇总如下：

（1）认真执行政府有关人力资源管理的方针、政策和国家法律等规定，企业人力资源管理政策必须与政府政策相一致，并要符合以下要求：

1）政策应当成文，使人容易理解，并能全面概括该项职能；

2）政策应当制定实施条款，以保证政策在整个企业、组织中的宣传和理解；

3）政策应具有坚实的基础，应与政府的政策相一致；

4）政策应与企业、组织既定方针、目标相一致；

5）具体的人力资源管理政策，如人力资源管理调配、人才开发和管理等应互为支持；

6）政策制定应当经过企业、组织的各级人员讨论和协商，包括与员工代表协商。

（2）人力资源管理人员的配备，应由懂政策、熟业务、具有人力资源管理知识的人员担当，并按工作需要配齐管理人员。

（3）要明确各级人力资源管理人员的职责范围、工作目标、明确必须具备的原则性、民主性、纪律性、求实精神和劝说能力。

（4）要有科学的方法激励人的积极性和创造性，并在企业内设有研究人力资源管理的组织和专业人员。

（5）人力资源管理必须充分体现员工是企业主人的原则。

（6）人力资源招聘要有计划，分配要合理，考评有制度，晋升按规定。

（7）重视能力开发，教育培训有效，人力资源流动合理。

（8）工作环境适合，福利待遇合理，分配比例恰当。

（9）编制定员合适，职位安置和资格制度健全。

对企业各级各类人员的功能发挥程度进行测定、评估和判断，这在人力资源管理咨询中是比较重要的，是对被考核人员进行科学评定的依据。

4．人力资源管理状况的分析指标

（1）群体分析指标。

1）从业人员的变动状况。企业主要采用就职率（新就职人数与从业人员数的比率）、退职率（退职人数与从业人员数的比率）和满员率（录用人数与需要人数的比率）等指标反映从业人员的变动状况。

2）从业人员的工作状况。从业人员的工作状况反映着他们的工作情绪。在进行工作状况分析时，常用实际出勤率（实际工作日数与总工作日数的比率）、加班率（加班时数与总工作时数的比率）、每月人均加班率（每月加班时间数与从业人员数的比率）等指标进行分析。

3）人员的构成比率。进行各类人员构成比率分析时，常用的指标有直接人员比率（直接作业人员数与作业人员数的比率）和一线管理人员比率（一线管理人员数与直接作业人员数的比率）等。

4）教育训练比率。教育训练比率分析常用的指标有受训比率（参加教育训练的人员与从业人员的比率）和人均受训率（教育训练的总时间与从业人员数的比率）等。

5）安全比率。安全比率分析常采用指标有工伤事故率（全年工伤事故件数占从业人员数的百分比）、工伤事故损失率（损失劳动日数与总工作时间数的比率）和从业人员福利保健率（福利保健费与从业人员的比率）等。

（2）人体分析指标。

1）学历。

2）工作经历。

3）受训情况，包括受训内容、考核结果、受训后的业绩。

4）工作岗位转移情况，包括升级、降级、专业调动和部门间、单位间的调动、职务变动等。

5）奖惩情况，包括科学技术奖和有关团体授予的荣誉，惩罚的处理情况和现实表现。

（3）主要指标的比较分析（见表 7-6）。

表 7-6　人力资源管理状况主要指标模拟比较表

序 号	指 标	本企业历史比较	同行业横向比较
1	就职率		
2	退职率		
3	满员率		
4	出勤率		
5	加班率		
6	工时利用率		
7	实物劳动生产率		
8	一线人员比率		
9	某专业职称比率		
10	某年龄段人员比率		
11	受训比率		
12	岗位合格率		
'13	晋级人员比率		
14	平均增资额		
15	全员平均工资		
16	全月平均月奖		
17	工伤事故率		
18	福利基金使用额		
19	企业年度获奖次数		
20	年度获奖人数		

注：比例尺度的选择应从实际出发，历史比较一般以某年度的达到值为依据，横向比较一般以同一年度的有关单位的实际值或行业平均值为依据。

第八章　当代人力资源竞争力提升的时代要求

第一节　强化人力资源跨文化管理的战略地位

一、跨文化人力资源管理战略分析

跨文化人力资源战略是指跨国公司为实现跨国经营战略目标而获取、配置和利用人力资源，所制定的未来方案和计划。

跨文化人力资源战略是指在跨国、跨地区、跨边界的多元文化环境中的人力资源战略，主要体现在对人力资源的获取、培植和利用 3 个方面。跨文化人力资源战略包含了 3 和人力资源管理功能：获得、安置和利用；3 种人力资源管理活动范畴：东道国、母国和第三国；3 种国际企业人力资源来源有东道国人员、总公司派出人员和第三国人员（见图 8-1）。

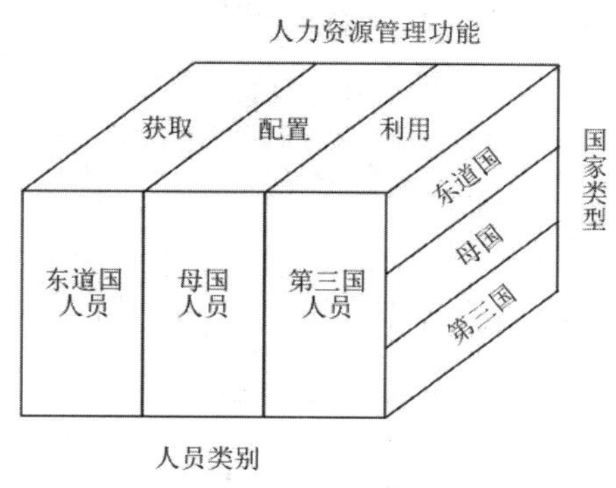

图 8-1　跨国公司人力资源战略

跨国公司为获取全球竞争优势，必须采用适合自身条件和环境的人力资源战略，以适应企业在跨国经营中的不断发展。跨文化人力资源战略和国内公司人力资源战略比较，具有以下特点。

（1）更多的职能和活动。为了有效获取、配置和利用人力资源，需要从企业战略、经营范围、文化认知、服务对象、跨文化敏感性和战略决策方案等方面进行管理，人力资源管理职能更加丰富，运行更加复杂。

（2）更广泛的国际视野。在国内环境中，企业常规人力资源战略主要包括员工招聘和选拔、培训开发、劳动报酬、绩效考评、劳动关系等，跨国经营中人员管理具有更多的战略性功能，例如对外派人员和东道国政府的关系问题，或者不同国家员工工作目标差异性引发的冲突等，因此跨文化人力资源的方案计划必须考虑人员的国际化背景，以及如何更加有效地利用全球范围的人力资源，更多地参与员工的个人生活。

（3）具有更高的风险性和受到更多的外部环境影响。由于跨国经营中存在着控制与多样化的矛盾，以及当地文化敏感性问题，因此，跨国经营中人力资源的多元化可能带来许多难以预料的风险。

跨文化人力资源战略管理的整体经营框架（见图 8-2）。

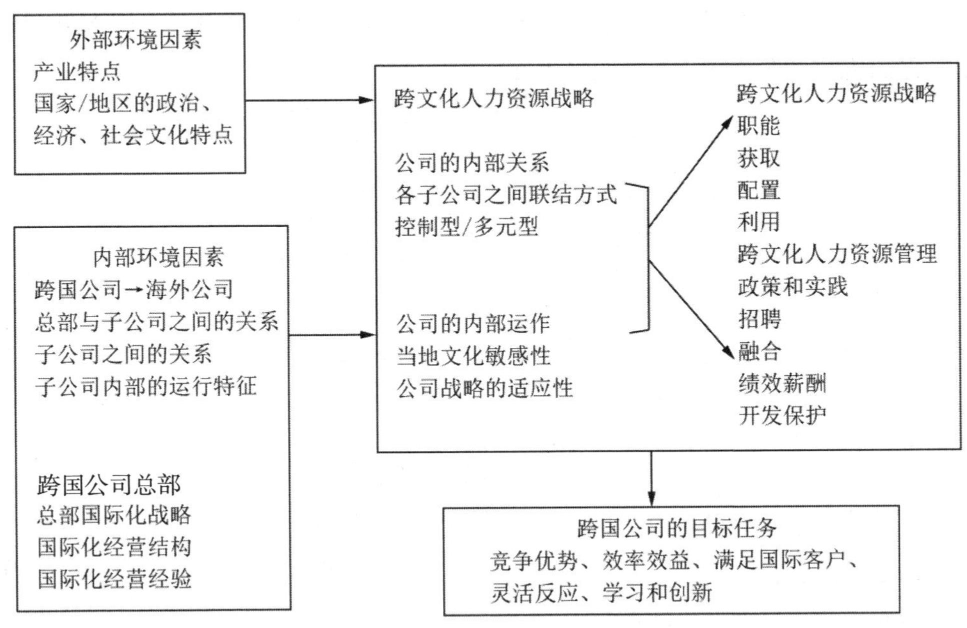

图 8-2　跨文化人力资源战略的整体框架

从模型中可以看出，跨文化人力资源战略有别于国内企业战略的核心问题主要有两方面：①涉及到企业全球战略下的公司关系，即海外子公司和总部之间、子公司之间的关系是控制型还是多元型的问题；②子公司内部的运作问题，即当地文化适应性和公司战略适应性问题。

企业外部环境和内部环境，例如所在国的政治、经济、社会文化特点和产业特点等外部因素，企业国际经营结构，总部国际化倾向，核心竞争力和国际化经营经验等内部环境因素，都深刻影响了企业人力资源战略职能和政策实践。同时，跨文化人力资源战略也影响了跨国公司的战略目标任务的实现，包括企业的优势竞争力、效益效率、当地客户市场的反应、企业的灵活适应能力和学习创新能力。由于跨国经营中企业的竞争优势主要来源于企业内部优质、特异的资源，因此跨文化人力资源战略的制定要认真分析自身的优势和劣势，结合外部环境的机会和威胁，找到本公司与众不同的人力资源，解决公司内部关系和内部运作的问题，最终形成企业具有优势竞争力的人力资源。

二、人力资源本地化管理

（一）人力资源本地化的含义

人力资源本地化(Localization)是企业海外经营的重要人事策略。伴随着跨国公司的发展历史，人力资源本地化形成了传统和现代两种模式，同时出现了相应的人员本地化的传统概念和现代概念。

人力资源本地化的传统概念，是指跨国公司的外派人员获得东道国本地国籍或长期居留许可证，逐渐成为本地人，并以本地人身份被海外公司雇用的“本地化”过程。传统本地化模式主要有 3 种方式：①外派人员的薪酬和本地劳动力市场密切联系，②外派员工超长时间地居住在东道国，③外派人员对当地文化的深度融合。

人力资源本地化的现代概念则是指跨国公司大量启用东道国本地人员，并逐渐由优秀的本地人员取代外派人员来经营管理海外公司的“本地化”过程。这种“本地化”战略强调对本地人员的重用，跨国公司从提高东道国人员质量角度、控制成本角度和加强社会关系角度出发，制定一系列的人事政策，积极招聘、启用和管理本地优秀的人员。

（二）人力资源本地化的动力

1．企业经营本地化战略的基础

人力资源本地化是跨国公司本地化经营战略的重要组成部分，是在异国投资的跨国公司取得成功的重要保证：①通过对跨国公司价值链各个环节在不同区域进行培植，可以扩大跨国公司的竞争优势。②人才本地化不仅有利于跨国公司内部的协调运作，更重要的是人才本地化有利于在公司业务方面更准确地做出符合本地市场的经营决策，有利于实现该公司的本地化经营战略发展。③在母国和东道国市场同时经营，可以降低政治风险和经济风险。所以，本地化不但成为企业扩大市场的经营战略，也是人力资源管理的重要战略，为跨国公司的国际发展奠定基础。

2．改善和东道国的关系

本地化实际上是跨围投资的进一步深化。通过本地化，不但使跨国公司的投资进一步增长，补充东道国发展经济所需要的资金，带来了先进的技术、知识和管理，而且也创造了更多的就业机会，从而为改善与当地政府和社会民众的关系创造了条件。

3．降低管理成本

人力资源本地化也是企业节约经营管理成本的内在要求的反映。跨国公司海外价值链活动和当地优势资源的密切联系、跨国公司价值链环节在全球不同区域的培植，都促进了经营成本的降低和效益、效率的提高，直接影响了跨国公司的竞争优势。

许多跨国公司充分利用东道国劳动力市场低工资的优势，以远低于母国工资的条件招聘本地员工，大大降低了企业经营管理成本，这已经成为跨国公司最重要的投资动机。

4．利用本地员工的地域优势

世界范围内关键人才的紧缺，是迫使跨国公司必须考虑启用当地人才的重要因素之一。外派人员是企业跨国经营的一个支柱，但它却无法为真正的全球机遇提供帮助。跨国公司需要的人才既要有专业知识、技能、经验，更要精通东道国本地的政治、经济、法律等事务。跨国公司只有拥有了对本国本地深入了解的人才为它们服务、出谋划策，才可以保证公司在东道国本地的平稳运作，保证公司的运营符合本地环境，在本地站稳脚跟。

留住本地人才的基本措施，这一系列措施使员工具有公平感、安全感、成就感。跨国公司制定的福利项目主要包括带薪休假、住房补贴、进修自主、医疗失业及退休保障计划等。

（三）人力资源本地化管理策略

1．树立正确的本地化理念

树立正确的本地化理念是海外公司实施本地化的基础。在企业管理中，人力资源管理者要正确看待本地化这一策略，采用适当的管理方法。首先，本地化是平等化，本地化并不意味着被本地人所替代。跨国公司对待自己外派人员和对待当地人员没有差异，鼓励所有员工发展而不论他们的国籍。成功的跨国公司的领导者是本地化和全球化的合金，他们实施的是平等化的管理。

2．加强沟通和理解

本地化以公司价值观为基础，重视母公司人员和东道国人员之间的沟通管理。通过本地化帮助员工看到现实中双方的差异和对方的积极一面，尽量减少和包容双方观点的差异。在有分歧的时候，澄清事实，消除不必要的顾虑，不要随意贴国家民族的标签，讲求沟通风格。在管理过程中要把选拔晋升等职业生涯发展计划予以公布，透明化处理，通过人力资源开发，使公司经营管理者队伍的建设持续发展，保证各个部门的管理者是负责可靠和有能力的。通过积极建设跨文化团队，倡导团结和谐的公司文明。例如，某跨国公司在世界各地拥有 1 300 家子公司，自称是一家“多国籍”的公司，它鼓励其子公司淡化其母公司的民族背景，完全按东道国本地公司的方式运作，加强沟通理解，因此被称为是实施本地化战略的典范。

3．合理的福利待遇

本地化战略中特别重要的问题是如何处理福利待遇的差异性。奉行一个标准政策，福利待遇平等是本地化战略实施的重要发展趋势。合理的福利待遇政策可以防止公司利用一些国家和地区劳动保障制度不完善，在进行生产能力向海外转移时损害东道国本地人员的利益，从而损害公司在东道国的声誉。

合理的福利制度是在不降低当地公司财务竞争力的前提下，对所有员工的劳动报酬和升迁实施平等待遇的制度。在管理过程中，对可能发生的矛盾具有预见性，例如，不要因为缩短与本地人员的福利差异而匆忙地把外派员工福利降低，要坚持管理团队的团结性，通过沟通理解让来自不同文化背景的员工具有积极士气。在福利管理过程中，可以实施个别化操作，同时具有同理心，并准备好各种替代方法。

三、跨文化人力资源管理中的人员整合策略

（一）跨文化沟通管理

跨文化人力资源管理的指导方针就是要在跨国公司内部持续地进行对话，包括企业领导者的对话和员工之间的对话。通过对话，跨国并购公司自身优秀的企业管理理念、方法、文化价值观能在被并购企业里得到执行、理解和融合；建立沟通网络可提高并购双方的凝聚力，提高企业的管理水平、员工的工作生活质量和促进员工的职业生涯发展。

1．跨文化沟通目标

跨文化人力资源管理的目标是改进员工和管理者对各国文化价值观、政治制度、人员管理的理解，改变对企业内部其他国家员工的误解，纠正扭曲和错误的观念，建立具有共性的文化基础，改善不同文化背景人员关系的实践过程。因此，跨文化沟通体现在人力资源管理的全过程中，包括组织结构建立中的沟通，招聘

过程中的沟通，培训过程中的沟通，绩效考评过程中的沟通，薪资报酬中的沟通，领导执行中的沟通，培训开发中的跨文化沟通等。

2．跨文化沟通的组织协调

组织协调沟通是管理的基础。跨国并购的双方掌握现代组织的协调沟通手段比以往任何一个时期都更重要。母公司组织结构文化适应性、东道国组织结构的稳定性和员工对组织结构适应性是组织协调的基础。在组织结构上如何有效地进行控制是跨文化沟通的一个重要问题。

组织协调分工有两种。一种是控制信息从某地到达另一地，目的是通过过滤、分流等方式来控制信息的流量。另一种是推进信息前进速度，其重要职能就是保证反馈能够到达它应该达到的目标。

组织协调沟通的重要方法是加强沟通反应，即对信息的倾听、询问和反应，对接收到的信息采取行动。研究表明，组织中的下属一般对其上司是开放的，他们向上司询问信息，倾听上司指示，根据所得到的信息行动，因此增强沟通开放性的重要方面是上司对其下属更开放，同事之间更开放。

（二）员工期望值管理

企业在实施并购后，了解员工的新期望值，是人力资源管理的重要任务。了解员工的期望值，可以提高员工的凝聚力，提高员工工作动机和工作责任感，减少各方员工动机、目标的冲突，有针对性地加以调停。人力资源管理部门要了解并购双方企业员工的情况，然后和企业的期望值进行比较，以拟订出符合企业和员工期望的整合目标。

（三）员工安置管理

企业并购后，重要的是引导新企业采取健康有序的管理，避免并购产生的非理性行为；引导并购企业管理层按合理、合法的程序并购，减少失业等问题对员工和社会产生的冲击。规范化的管理可保证双方企业获得最大的收益，承受最小的风险和损失，员工获得合理安置。

人力资源部门要制定计划，合理设置并购后企业组织机构，理顺内部管理体制，认真准备并购后部门和个人的职务说明书，从而做到合理安置人员。人力资源部门应十分谨慎，只有通过大量的宣传和沟通工作，以及细致的人事安排工作，才能使这一敏感性很高的整合活动顺利完成。

（四）人力资源协同管理

人力资源协同管理的动因是促进企业业务的整合，这是并购后企业建设的重要任务。通过跨国并购，在全球范围内优化配置资源，实现并购双方企业的业务整合。

跨国并购企业的协同管理的方法主要包括以下几方面：

（1）向双方的员工进行广泛宣传，说明和指出企业兼并的目标，向双方股东和相关组织详细说明兼并的收益。

（2）兼并双方的高级管理层应积极参与业务整合活动和文化整合活动，通过向被并购企业派遣人员，提高工作效率，落实新公司的相关战略，控制新公司的战略实施，避免动荡和矛盾。

（3）建立新文化框架，加强文化平衡工作，特别是帮助被并购企业员工的情感达到平衡满意，强化员工国际化意识，树立多元文化的思想观念。

（4）落实协同管理制度的建设。包括功能性组织结构的设置、组织文化制度建设和绩效联系起来的企业管理模式等。

（5）利用企业培训和开发手段进行在职培训和脱产培训，提高员工的协同意识以及他们的协同管理水平，从而提高企业绩效。

（五）组织学习管理

人力资源管理的许多功能，比如绩效反馈，在跨国公司多元化环境下容易导致跨文化的误解，而这一误解又经常导致文化冲突圈的产生，其后果是沟通中断、管理层和员工道德水平下降、团队绩效降低以及潜在的人才流失等。如果这一情况没有及时解决，同样的事情还会在其他管理者之间产生（见图 8-3）。

通过组织学习可以防止此类事情再次发生，从而使整个公司受益。由于企业管理中某种程度的文化误解是不可避免的，跨国公司管理者应该做的是如何预防这些误解发生，防止文化误解转变成文化冲突。组织学习的机理就是通过各种方法使跨文化误解能够表面化、公开化，从而解决问题。和传统思想不同的是组织学习并不要掩盖矛盾，而是强调沟通和理解，以及正面的解决问题。当问题发生时，跨国公司应该从组织学习弄清楚问题所在，并找到解决问题的结论。一个学习团体，只有通过信息加工，才能使潜在的行为得到改变。

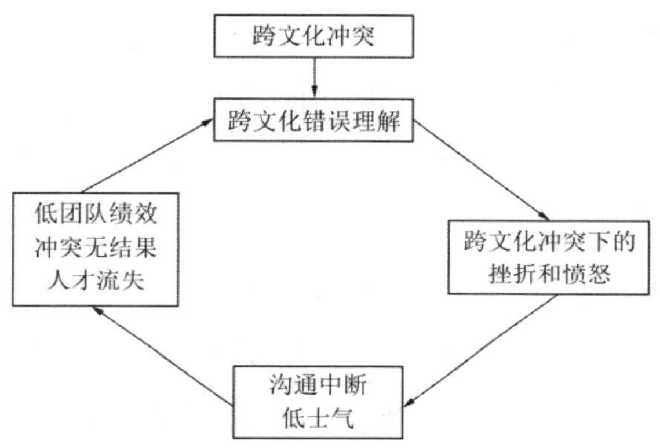

图 8-3 跨文化冲突对企业的影响

第二节 创新企业人力资源管理模式

一、创新企业组织模式

随着科技的不断进步和人们对人力资源管理认识的不断加强，未来的企业组织呈现出以下发展特点。

（一）网络化

在相当长的一段时间内，人力资源管理理论和实践都是以管理学强调的个人权、责、利分明的直线式管理为基础的。随着生产关系的不断完善，这种原始的管理模式已经落后于时代发展的节奏，因此未来组织为了更好地适应环境，多部门、多群体之间的边界是“可渗透的”或“半渗透的”而不是封闭的。

就目前企业在网络化建设方面取得的成就而言，我们可以看出以下几方面的特点：

（1）企业组织的活动是以工作小组或者工作团队作为基本工作执行单位的，并且跨越原有的以个人和群体为基本单位的职能范围。在这种工作模式中，一个团队的工作成员，既有来自开发部门，的也来自销售和财务部门的，其单独处理工作问题的能力是原始工作模式不能比拟的。

（2）企业网络化管理和运营可以获得更多、更全面的信息，并且可以促进各个部门沟通，加强各部门的协作。

（3）可以更好地满足客户的需求，同时与供应商保持更加密切的联系。

（4）可以与企业的利益相关者保持更良好的关系。

（二）扁平化

扁平化是一种管理效率很高的组织结构模式，因为在扁平化的企业组织结构中的管理层次减少，意味着管理幅度的提升和管理效率的增加。因此，在现代企业经营中许多国际性大公司正在不断地取消中层管理人员，这种扁平化的企业组织形式也是未来企业管理和人力资源管理发展的一个重要方向。

1. 应对日趋复杂的环境变化

由于市场的变化速度越来越快，经济形势也变得更加复杂多变，这对企业的快速应对能力做出了极高的要求，显然原来的垂直式管理模式的低效率已经不能满足现代市场的发展需求，因此，扁平化管理必然越来越受到企业的重视和欢迎。在管理中，企业应该授权给较低层次的员工决策权与解决问题的权力，进而提高企业的竞争力。

2. 信息技术的快速发展

随着科技的进步，信息技术的发展日新月异，在这种背景之下企业办公自动化日益普及，比如，原来传递一份需要几天才能完成移交的文件，现在只需要几分钟甚至几秒钟就能完成。在信息便利化程度高度发达的今天，原来维持企业正常运作必需的中层管理者成为多余人物。

3. 人力资源成本上升

企业想要在激烈的市场竞争中取得优势，就必须进行技术或产品创新，努力提高企业的生产率，而降低成本(或投入)是一个重要措施，而目前人力资源成本节节攀升，减少人员成了许多企业无可奈何的选择。员工的质量比数量更宝贵，这是一个重要的原因。未来企业组织对员工要求势必会朝着少而精的方向发展，在这种情况下企业既可以保证员工的待遇水平，又可以提高企业的生产率。

（三）灵活化

灵活化是指为了满足员工、客户和其他重要的企业利益相关者的各种各样需要，因此在有多方利益需要维护的情况下，企业必须打破常规，采取灵活并且具有活力的管理模式和方法。

在传统的企业组织管理中，员工的行为都有严格的规章制度进行规范，其目的是显示企业管理的公正、公平与岗位职责分明。但是，以创新为主的未来企业工作需要员工的主动性、自觉性才能保证工作高质量的完成，因而，灵活化是对高素质员工的一种挑战。

一般来说，促使未来企业组织灵活化的主要动力有以下 3 种。

1．激烈的竞争

现在，越来越多的客户要求企业为他们特制一些产品或为他们提供一些特殊的服务，否则，企业就没有竞争优势。原来企业中按规定生产出来的产品，或按规范提供的服务，在市场上往往受冷落。

2．多元化员工

随着经济的全球化程度的不断加深和交通工具的不断进步，地球变得越来越小，我们在上一节中也提到过，未来企业员工将呈现出多元性的特点，他们来自不同的国家、有不同的文化背景，不同的宗教信仰、不同的生活方式。因此，企业不能用一种方法来管理所有的员工，应该根据实际情况采取差别化的管理。

3．环境的复杂性与不可预测性

在日渐复杂的经济环境下，企业所处的经营环境也越来越多变，不断出现的新要素会给企业的经营和管理带来计划外的变数。企业的独立性日趋下降，而环境的复杂化，使许多方面的不可预测性正在提高。如果企业的管理方式不能有所改变，依旧根据原来方法去应付新的环境，那么该企业必然会走进一个恶性循环的死胡同。

员工多元化、职业途径的多元化和激励系统的多元化是企业内部经营环境复杂性的主要表现。具体表现有以下 3 种：

（1）员工多元化主要表现为企业的员工来不同的国家和地区，全职、半职、临时员工等齐全的员工类型。

（2）职业途径多元化主要表现为员工的工作目标发生改变，不再将晋升作为自己工作的主要目的，而是更多的把自己的精力投入到自己喜欢的工种或者企业当中。

（3）激励系统多元化主要表现为相比于物质激励，员工更注重精神上的激励，而精神激励灵活的执行方式，为企业的管理人员提供了一个广阔的管理空间。

（四）全球化

全球化，我们又称之为国际化，其具体含义是指未来企业组织的经营活动往往不局限于地域（本地或本国）限制，而是立足国际市场，在全球范围内开展生产和经营活动。

企业走向全球化受到以下因素的影响。

1. 降低成本

这是企业全球化的最强大动力，又可以分为以下几个方面：

（1）降低原材料运输成本。原材料是企业成本的主要构成要素之一，如果企业能够在原材料的生产国进行生产活动，可以大幅度地降低运输成本。

（2）降低劳动力成本。企业的经营和运转都是必须依靠各个岗位上职工，在全球化中劳动力水平较高的国家可以在劳动力成本较低的国家和地区进行产品的组装或生产，获得竞争优势。

（3）降低办公费用。如果生产和销售都在一个国家内进行，交通费、通讯费的成本一定可以下降，而未来企业组织的市场一定是全球性的。

2．市场的全球化

随着各种文化的交流和融合，世界各国人民对生活水平和生活质量的要求也在逐渐趋向一致。就这个趋势而言，世界各国的整体消费水平正在不断提高，在许多国家，国际著名品牌的需求量越来越大。为了保护本国的相关产业，各国或多或少都会存在一些贸易壁垒，但在这种需求的趋势之下，度身定制的产品和服务获取全球市场份额的机会并不会减少。

3．激烈的竞争需要

竞争会促使企业采用新技术或者新工艺提高产品的质量，降低产品的价格，而要提供高质低价的产品全球化是一种很好的形式。因为在新技术和新工艺难以取得突破时，跨国经营的企业可以在 A 国利用雄厚的科技力量开发新产品，在 B 国利用当地廉价的原材料，在 C 国利用便宜的人力资源，在 D 国以较高的价格满足市场的需求。

二、创新人力资源管理部模式

未来企业的利益相关者主要有本企业、投资者（股东）、客户、员工、社区和战略伙伴等 6 种。

（一）为本企业服务

人力资源管理的基本宗旨是为企业战略目标的实现服务，我们在人力资源管理中应该集中精力、抓住重点，为企业战略目标的实现提供帮助。一般来说企业的人力资源管理应该从以下几方面着手为企业战略服务。

1．提高企业生产率

生产率是指通过每个员工的努力，提高企业产生产品和服务的价值。提高生产率这对于任何一家企业来说都是极其重要的，因为无论采取何种措施来提高企业利润，都是以生产率为基础的。在未来的企业发展中，通过卓越的人力资源管理技术和方法来提高生产率变得更具价值和战略意义，当前日趋激烈的企业竞争，归根结底是人力资源（即人才，尤其指高端的技术人员和高层企业管理人员）的竞争。中国企业如果想要在全球化的浪潮中激流勇进，在提高企业生产率方面还有许多路要走。

2．提高经营利润

一个企业如果长期不盈利，必然会因为缺乏运转资金而倒闭，一般来说企业提高其经营利润主要会涉及到开发新产品、生产高质量的产品、降低运作成本、开拓新市场等几个方面的内容。从岗位职能、工作质量到岗位内容的设计这些方面都和人力资源管理有着密切的关系。

3．确保企业生存

市场和经济环境复杂多变，企业外部环境和内部环境也随其不断的变化。虽然从总体上说全球市场在不断增大，但是企业之间的竞争仍然十分激烈。在当今市场形势下，企业要在激烈的竞争中生存和发展是一件极具挑战性的事情，而人力资源管理的一项重要任务是在各种条件下确保企业生存，力求发展。

4．提高市场和环境适应能力

市场适应能力的高低是未来企业能否生存的一个关键要素，同时也是企业经营成功与否的重要标志。企业的适应能力在很大程度上取决于企业内人力资源的适应能力，因此，只有重视企业人力资源管理的建设才能形成卓越的人力资源管理能力，从而提高适应能力，使企业立于不败之地。

5．确立竞争优势

中国拥有全世界最具活力和潜力的市场，必然会成为21世纪的各国企业投资的热土，跨国公司到中国进行角逐是一个必然的发展趋势。在跨国企业争相涌入的背景下，市场竞争的激烈化不可避免，如果企业想在竞争获得优势，只有依靠科学的人力资源管理。在某种程度上，如果一个企业有了卓越的人力资源管理能力，那么企业的利益无论是在管理者能力还是在员工能力方面就有了强有力的保证，可以帮助企业抢得竞争先机。

（二）为投资者（股东）服务

投资者是企业经营资金的重要来源，对企业来说地位极其重要，因此，为了保证企业能够获得投资人稳定持久的资金支持，企业的人力资源管理要有一个明确的理念——为投资者服务。

1．提高资金的回报率

公司已经在证券交易所上市，那么其运作经营的基本状况，有一个基本参考点，即公司股票的价格。一般来说，公司的股价是与该公司的盈利能力相关的，尤其是长远的盈利能力较强的公司，其股价较高并且具有一定时期内的稳定性。对于没有上市的公司而言，企业红利的多少对企业来说相当重要，因为这是投资人追加资金的基本保证。因此，未来的人力资源管理一定要时时注意，提高资金的回报率。

2．增加市场占有率

资金的回报率是衡量企业盈利能力的重要指标，它并不是凭空产生的。在各种影响企业资金回报率的因素中，市场占有率的增加对资金回报率的提高起到的作用最大。因此，企业在进行人力资源管理时，应该有意识地对技术开发人员、销售人员进行业务能力的培训。

3．资金的周转率

资金的周转率是衡量企业资金运转状况的基本指标，同时对企业的资金回报率的提高具有比较积极的影响。资金周转良好的企业，企业的财务状况良好，资金的利用效率较高，能够提高投资的回报率，增强投资人的信心。

（三）为客户服务

“客户是上帝”这一服务理念已经不是什么新鲜的理念了，20 世纪 90 年代以后，我国许多企业的管理者都把这句话挂在口头上，但从落实情况来看，似乎并没有达到理想的状况。随着经济竞争的加剧，越来越多的企业家将目光锁定在售后以及服务方面，他们已经深刻的认识到客户的全面满意是企业在激烈的市场竞争中生存下去的基础。

为客户服务的理念应该在企业的人力资源管理中得到体现，一般来说需要做到以下几点：

（1）树立为客户服务的理念应该为客户提供高质量的产品；

（2）树立为客户服务的理念应该为客户提供高质量的服务；

（3）树立为客户服务的理念应该对客户的投诉或问题迅速反应；

（4）树立为客户服务的理念应该为客户尽量降低成本，减少费用；

（5）树立为客户服务的理念应该为客户不断创新，以满足客户的不同需求。

（四）为员工服务

企业人力资源管理的一项重要任务就是为员工服务。人力资源管理的对象是人，如果没有员工那么所谓的人力资源管理也就不存在。

1．公平对待员工

企业的产品生产、日常经营、财务会计等基本工作都是企业员工完成的，员工是企业正常运转的基础。因此，企业只有公平地对待员工，才能保证员工的工作状态和工作效率。在人力资源管理越来越重要的未来，企业对人力资源管理将更加公平与科学，员工的忠诚度也会得到提高。

2．提高员工士气

一般情况下，企业只有提高员工的满意程度才能够从根上解决企业提高员工士气的问题。而提高员工士气，当然并不是只依靠加工资维持的，因为我们还要考虑到其他利益相关者的利益。因此未来的人力资源管理要依靠综合方法来提高员工士气。

3．适当授权

适当授权对员工的激励作用十分明显，未来人力资源管理的重点在调动每个员工的积极性上，因此企业有必要让每个员工学会自我管理和控制。需要注意的是授权一定要条件成熟，否则企业将陷入一个混乱的管理状态。

4．保障员工的安全与健康

员工是企业最宝贵的财富，未来人力资源管理要充分重视保障员工的安全和健康，要在企业运作的各个环节都要落实“以人为本”的理念。这样，员工才会以企业为家。

5．提高员工的适应能力

要在未来的社会环境中生存与发展，一个人的适应能力是相当重要的。人力资源管理有责任帮助提高员工的适应能力。

（五）为社区服务

社区和企业的关系日趋紧密，人力资源管理在未来更有责任为社区服务。

1．遵纪守法

企业要长期发展，一定要成为遵纪守法的模范。企业要遵守政府颁布的各项法律，也要遵守当地社区的社会规范。为企业和社区共同发展打下一个良好的基础。

2．承担社会责任

企业通过向社会提供优质产品和服务以获取合理利润的同时，也应该承担必要的社会责任。尤其在社区内，企业应该在自己力所能及的基础上承担相应的社会责任。例如，援助希望工程、协助搞好地区治安、搞好环境卫生，等等。

3．重视道德建设

道德是一种重要的社会约束手段，在我国五千年的发展历程中，我们传承了许多优秀的道德传统，企业应该重视道德建设。此外，加强道德建设可以在某种程度上逐渐加强员工对企业文化的认同感，提高其忠诚度。

4．重视环境保护

随着科技的发展，地球已成为一个村落，保护环境就是保护我们自己，企业应该高度重视环境保护，这样才能真正与社区建立良好关系。

（六）为战略伙伴服务

战略合作伙伴是与企业有长期友好的合作关系的合作单位，这种长期合作是双赢的，它有利于保证双方发展的稳定性，从这一角度看，为战略伙伴服务在未来成了人力资源管理的一项重要工作。

企业的战略伙伴有许多，可以分为很多种，但总结起来主要有政府、供应商、工会、合资伙伴、媒体 5 种战略伙伴。

1．政府部门

从企业方面说，其运营资格需要向政府申请、需要向政府缴纳税费，可以说任何企业的经营和运作都处在政府的监督和管理之下；从政府的角度来看，企业稳定的经营环境离不开政府的积极维护和治理。

2．供应者（商）

在生产高度专业化和分工化的今天，绝大部分企业都难以独立完成整个产品的生产过程，无论是产品的装配还是原材料、设备、人员、信息和资金的供给都需要其他企业辅助完成。可以说任何一家现代企业离开供应者(商)就几乎无法生存。因此，在企业人力资源管理的过程中企业要特别重视与原料供应者(商)的关系。

3．工　会

工会是工人利益的代表，其宗旨与企业发展给工人带来的利益是一致的。工会也可以看作是企业的一种战略伙伴，因为企业可以通过工会在工人中的影响力保证企业生产活动的顺利进行。在未来工会由于从工人利益出发，将会更有力地协助企业，激励员工为企业的利润目标和战略目标而努力。因此，企业在人力资源管理中应该注意与工会的合作和沟通。

4．合资人

合资人是与企业所有者共同出资组建企业的人，因为合资人参与了企业的资金投入，所以企业所有者与投资人是共享企业利益的。合资企业中的合作伙伴成了天然的战略伙伴，人力资源管理当然有义务为其服务。

5．媒 体

随着信息科技的不断发展和进步，媒体在社会生活中的作用也越来越大，企业的人力资源管理部门有必要与媒体建立起良好的关系。

第三节　提升人力资源风险管理能力

人力资源是现代企业中最重要的资源，是企业的兴盛之本，对人力资源进行有效地管理正受到越来越多的企业的重视，然而由于人的复杂性以及企业内外部环境的影响，尤其是经济全球化的冲击、科技进步节奏的加快和个人自我意识的增强，企业在进行人力资源管理的过程中，遇到了前所未有的挑战，也面临着各种各样的风险。面对新的企业内外部环境的挑战，防范和化解人力资源管理的各种风险，是企业在人力资源管理工作中必须深入思考并加以解决的重要问题。

一、人力资源管理风险的含义

有人从概率论的角度对人力资源管理的风险展开了阐述，即一般而言，风险包括 3 个部分：事件、概率、后果。人力资源管理风险中的事件就是指在人力资源管理活动中发生错误或意外收益的具体活动。事件的确定需要建立在对本企业的人力资源管理活动有充分的了解和熟悉的基础上。人力资源管理风险的概率是指所确定的事件在实际运作中发生的可能性。人力资源管理风险的后果是指假如所确定事件在实际中发生，所造成影响的大小。

研究表明人力资源管理风险是企业管理的主要风险之一，人力资源管理风险存在于人力资源管理的理念、制度和技术 3 个层次。其成因主要来源于人力资源本身的特性和人力资源管理的过程特性。根据以上分析认为人力资源管理风险是由于人力资源的特性和对人力资源的不善管理而造成的用人不当，或人的作用未能有效利用，或人员流失给组织造成有形和无形损失的可能性危险。

一般来说，人力资源管理风险的产生原因主要包括：①人力资源本身的特性，比如动态性、能动性、智力性等；②人力资源管理的不妥或不善管理。

人力资源管理风险具有主要表现在：①用人不当；②人的作用未能有效地发挥和利用；③人员的流失。

二、人力资源管理风险的内容

人力资源管理的风险存在于人力资源管理的各个环节中，人力资源管理的风险来自于人力资源管理各个阶段。具体包括人力资源管理的人事风险、外部环境风险、工作分析风险、招聘风险、绩效管理风险、薪酬管理风险、培训管理风险、员工关系管理风险和跨文化管理风险等。

三、人力资源管理风险的成因

综合国内企业对人力资源管理风险的研究主要是围绕着人力资源管理过程中的以下几个方面进行展开：分析了人力资源管理风险产生的原因；从具体的实践角度，侧重对人力资源管理过程中的招聘风险、培训风险、人员流失风险、人力资源外包风险这几个方面进行了初步的探讨；从具体的实践方面揭示了如何管理人力资源管理中的风险。

关于人力资源风险的起因，有人认为应该从非人为的和人为的两个方面来考虑和分析，即人为因素和非人为因素。这是从人力资源管理对象的角度进行划分的。非人为的因素在于人的心理、生理的复杂性，以及西蒙所揭示的人的“有限理性”的存在。人为的因素关键在于人力资源中单个劳动力所具有的人力资本产权。而正是人力资本产权的自主性、排他性和可交易性的特征导致了人才外流或无所作为这样的风险。

从人力资源管理过程的角度分析，认为人力资源管理的风险一方面是来自于人力资源本身的特性，一方面是来自于对人力资源过程的不善管理。

1．人力资源本身的风险

人力资源这一概念最初由美国管理学家德鲁克在 1954 年提出，他指出人力资源“和其他所有资源相比较而言，唯一的区别就是他是人”，也正是由于人的特殊性决定了人力资源本身的风险。

（1）人的心理及生理的复杂性。迄今为止关于人的相关研究并没有详细准确地揭示人的全部心理结构及运行机制，一方面人力资源中的个体在决定自己行为时表现出过程上的不确定性，主要表现在个体信息获取、处理、输出及反馈与主观、客观的依赖性。另一方面表现在赫尔伯特、西蒙所指出的人的有限理性特征。有限理性假说认为，人们在进行任何有目的行为决策时，并不一定能搜寻到所有可能的方案，以及详尽的有关方案及后果的信息。这种有限理性就使人们的生产经营活动存在风险。

（2）人力资源的能动性。人力资源是生产力诸要素中最为活跃并唯一具有主观能动性的因素。人力（即劳动力）附着于劳动者这一活的人体之中，而人受其大脑和高级神经系统的控制，独具思维、情感、意志和个性，具有物资要素所不具备的能动性。人力资源的使用会受人的主观意愿和行为的影响，当人的主观意愿与组织的目标不一致时，就有可能造成组织目标的难以实现，并给组织带来损失。

同其他有形资源不一样的是，人力资源是一种主动资源。人力资源潜在能量的发挥，取决于其载体——人的主观能动性的发挥程度，除体力、体质等生理状态外，与人的经济、政治、社会、信仰等满足程度有关，与企业文化、环境、制度特别是人力资源的管理、开发、激励等手段有直接关系。这种资源可以通过激励实现资源价值的不断增长，也可能由于激励不当，而导致消极价值的产生，甚至影响组织的发展。

人力资源的能动性还决定了知识与行为不一致的可能性。人的大脑尽管如现今的计算机一样贮存了大量的知识，然而并不像计算机那样以逻辑思维为唯一的思维形式，直感形象思维也是人的一大思维形式。而究竟采取何种思维形式（拟或二种并用）以及在思维过程中使用何种知识却是环境、问题表现形式以及人的主观知识结构（即所谓背景或意境，Back-ground or Context）所决定的，这样就可能会出现实际的行为与人的大脑中某些知识不一致的现象，如系统学习掌握了现代化管理知识的人有可能在实践中做一些与此知识相违背的事，这种不一致性会给组织造成很大的人力资源风险。

（3）人力资源的动态性。人力资源本身也是一个动态发展的过程。这种动态性表现在两方面：①人力资源素质的动态性，②是人力资源行为的动态性。

人力资源的一个独特性是他的自适应性。人们可以在从事企业经营活动中学习理论知识，或向同行学习，或通过具体的工作在“干中学”，使人力资源的素质在时间上呈现动态特征。当员工素质与组织目标一致时，有利于组织目标的实现；当员工素质的发展与组织目标不一致时，则会阻碍组织目标的实现。

由于人的特殊性和复杂性的特点，使人并不能像机器设备资源那样严格按照所规定的指令一丝不苟地执行动作，人们的行为会由于各种各样的原因而可能导致行为的结果与预期有一定程度差异。因此即使是程序化的工作由于有了人的参与，也隐藏了实际目标与预期目标的不一致性，尽管此类风险级别较低。而对于非程序化的工作，人的这种行为动态性便肯定会形成更大的人力资源风险。

（4）人力资源的流动性。人力资源的能动性和动态性又决定了人力资源的流动性，具体表现在不可“压榨性”。人力资源作为天然的个人私产，或者如巴泽尔所说的“主动资产”，它的所有者——个人完全控制着人力资源的开发和利用。在个人产权、个人利益得不到承认和保护的时候，个人可以凭借其事实上的控制权“关闭”有效利用其人力资源的通道。当今社会，企业很难拥有终身雇员，而雇员也很难“从一而终”。重新选择企业、重新选择职业的现象在西方发达国家尤为突出。这说明企业人力资源是一种流动性资源，而且，在市场经济愈发达的国家，这种流动性愈强。

（5）人力资源还具有时效性和不均衡性。人力资源是一种在开发、使用和配置都受到个体生命周期所限制的资源。如果不能及时加以利用，或者不能适当利用，就会随着其自然载体的衰老和消亡而降低和失去作用。因此，对人才资源及时和适时的开发利用，才能充分有效发挥人才资源的作用。否则，就会造成浪费。同时，作为自然人，每个个体都是平等的，但由于智力、体力、技能和知识的差异，每个人的效用是不同的，这种资源价值的分布在不同的个体中呈现出不均衡性。正是这种人力资源的时效性和不均衡性，往往容易导致用人不当，开发错误的风险。

2．人力资源管理过程的风险

所谓的人力资源管理过程风险主要是因为对人力资源管理的科学性、复杂性和系统性的认识不足，而在具体实施人力资源的工作设计与工作分析、招募、班选、绩效管理、以及晋升、培训等各个环节中管理不当所造成可能性危害。人力资源管理过程的风险主要来自于人力资源管理的复杂性、人力资源管理的系统性以及信息的不对称性。

（1）人力资源管理的复杂性。现代管理理论丛林代表着管理理论的复杂性、渗透性、交互性和灵活性，其本身也说明了管理是一个复杂的过程。人力资源管理作为一种管理过程自然也具有复杂性。这是因为人力资源系统是自生秩序与创生秩序的综合集成体。

人力资源管理系统是兼有自组织系统特性与人造系统的全部特性。一方面，我们为严格劳动纪律维持企业生产秩序，需要相对固定的规章制度和量化的考核指标，从对人力资源进行直观的、简单的管理；另一方面，由于人的复杂性，我们又必须辅以其他的模糊的、复杂的方法来调动人们的劳动积极性。企业竞争环境的变化使得企业的人力资源管理工作变得更加复杂。复杂多变的经济全球化环境，使得管理的不确定性大大增加，这些都加大了人力资源管理中的风险。

（2）人力资源管理的系统性。人力资源管理的系统性首先表现在系统的整体性，它是由相互依赖的若干部分组成的，但这各个部分不是简单的组合，而是具有统一性和整体性的，在实际运行中只有充分注意各组成部分或各层次的协调和连接，才能提高其有序性和整体的运行效果。其次，人力资源管理的系统性还表现在目标的系统性，即组织目标和员工个人目标的有机结合。现代人力资源管理最突出的特点在于，它并不仅仅关注如何根据组织目标来使用人，而是把组织的整体目标与组织员工的个人目标结合起来，实现组织整体和组织员工的共同发展。它强调相互依赖和开发利用两个原则。

此外，组织的人力资源管理的系统性还表现在对外部环境的适应性和自身的动态性。人力资源管理外界环境的变化会引起人力资源管理系统特性的改变，相应地引起系统内各部分相互关系和功能的变化。为了保持和恢复系统原有特性及不断发展的潜力，系统必须具有对环境的适应能力。

（3）信息不对称性。对称信息是指每一个参与人对其他所有参与人的特征、战略空间及支付函数有准确的认知。各方所拥有的个人信息都成为所有参与人的

“共同知识”。由于信息的不对称，员工的行为具有不可测性，很难准确测度工作人员的行为，加上人力资本的产权特性，就构成了人力资源管理风险的原因。

工作人员靠他们自身的人力资源取得收益。其利己动机或者称为投机动机是普遍存在的，当信息的不对称存在时，这种动机就有可能行为化。从而产生一种管理者与被管理者非协作、非效率的“道德风险”。

四、人力资源管理实践中的几个研究方面

1．招聘风险

招聘过程是一个招聘人员与求职者相互认知的过程。在招聘中，通常由于求职者与企业之间关于求职者能力认知的信息不对称（另一方面求职者对企业的信息也不甚了解），从而导致企业招聘面临着两种逆选择风险：①错误地接受了本来不适合企业的求职者。②错误地拒绝了本来适合于企业的求职者。无论是哪种错误，都会给企业带来显著的费用增加和机会损失。

2．培训风险

员工的再培训是任何一个组织持续发展的需要。而在具体操作时，可能产生以下几个方面的风险：①培训内容选择的风险；②培训对象选择的风险；③培训结果的风险。

3．人员流失风险

企业的人员流动实际上由两部分组成：人员流入与人员流出。虽然对整个行业而言，人员流动未必是坏事，但从企业的角度来看，有些人员流动很可能给企业带来损失。这种损失的直接表现是该岗位的人工成本增大，因为企业需要进行重新招聘和培训；而间接损失往往更大，可能引起工作进度的拖延，甚至造成组织的瘫痪，例如，核心人员的离职就可能导致企业赖以生存的商业机密泄露。可见，人员流动是一种企业的风险，这种“由于人员流动而给企业带来损失的可能性”称为“人员流动风险”。相应地，人员流动风险也可分为两类：人员流入风险和人员流出风险。前者是指由于不合格人员的流入而给企业造成损失的不确定性；

后者则指由于合格人员的流出而给企业造成损失的不确定性，又称人员流失风险。

4. 人力资源管理外包风险

人力资源管理外包是企业通过与外部的人力资源管理业务承包商签订合同，由外包公司为企业提供人力资源管理活动的服务，而企业支付给外包公司酬金的一种交易形式。人力资源管理外包的风险因子主要包括以下 4 项：

（1）法律方面。目前我国尚无完善的法律法规来规范外包业务的具体运作，对于人力资源管理外包这一新兴的业务外包来说，更是无章可循，有的只是国内外一些大企业的探索先例。所以法律风险是人力资源管理外包最大的风险。

（2）内部员工管理方面。外包人力资源管理职能，一些员工可能被辞退，或者被换岗，也可能被取消或减少训练机会。如果对部门人员处理不当，会影响其他在岗或转岗员工的工作积极性，从而给企业造成较坏的影响。

（3）选择外包服务商的风险。在对外包服务商的选择中，企业冒着很大的决策风险，外包合作的失败必然会影响企业的市场地位。外包服务商的选择通常是为了降低运营成本、提升企业的核心竞争力，但由于企业的组建过程非常复杂，企业与外包服务商进行沟通，并进行最终评价的过程总是不完美的，必然存在较大的漏洞，一旦这一漏洞在关键时刻扩大，无疑会导致企业的严重损失。

（4）外包企业商业信息安全。人力资源管理的一些业务内容对企业来说很可能是商业秘密，当企业把这些业务外包时就意味着外包服务商掌握了企业的这些商业秘密。这些机密一旦泄漏给竞争对手，可能对企业造成极其不利的影响。

五、对人力资源管理风险的评价

尽管人力资源管理风险问题越来越引起企业的广泛的关注，但目前国内人力资源管理的风险研究还只是刚刚起步，其研究内容还基本上停留在对企业人力资源管理的某个或某几个环节的研究，没有从人力资源管理系统的角度去研究，忽视了各个环节之间的有机联系，没有注意到人力资源管理的风险管理的系统性。以后的研究应该侧重于系统的研究人力资源管理风险，将整个人力资源管理流程中的各个环节有机的统一联系起来，进行系统的研究，进而提高企业的人力资源竞争力。

第四节　变革中的人力资源管理

一、未来人力资源管理部的角色

1．经营者角色

传统的企业管理观点认为人力资源部不参与企业的生产和销售，是一个无足轻重的部门，其工作内容大多也是一些缺乏技术的“清闲”工作，比如抄写、填表，文件归档等。

随着人们对人力资源管理认识的不断加深，它在市场竞争中的作用越来越明显。最近美国的研究机构进行了一项工作调查，调查显示超过 2/3 的高级人力资源经理已成为企业决策层成员，半数以上的高级人力资源经理参加董事局会议。

根据目前的发展状况以及对未来趋势的推测，我们认为未来人力资源部经营者角色可能会扮演以下 3 个层次的角色：

（1）战略层次。战略层次意味着人力资源部的活动集中在企业经营的长期需要方面。这也就是说，在未来的企业生产与经营过程中，人力资源部门的经营者会参与到与组织的经营方向、制定企业憧憬、建立企业文化、制定利润指标、确定产品或服务、决定组织结构、预测经营的生命周期重要的企业决策中。

（2）管理层次。管理层次意味着人力资源部进行一些中期的人力资源活动以帮助经理和员工。这也就是说，在未来的企业生产与经营过程中，人力资源部门设立人事选拔标准、制定招聘营销计划、建立新的招聘市场、为个体制定五年报酬计划、确定职业发展途径、制定员工开发计划等都会成为企业管理的重要内容。

（3）操作层次。操作层次意味着人力资源部进行一些短期的日常的人力资源活动。这也就是说，人力资源部门应该在未来的工作中提高自己的工作效率。比如，实施招聘计划、设立并运作每天的控制系统、管理报酬项目、建立年度绩效评估系统。

2．支援者角色

支援者角色肩负的主要职责是帮助直线经理完成有关人员方面的任务。

就实际情况而言，人力资源开发和管理项目的成功，每一个环节都包含着直线经理的贡献。因此，企业的人力资源部门有责任去帮助直线经理完成各项有关人员方面的任务，即为直线经理提供服务。

支援者角色主要表现在以下 3 个方面：

（1）满足直线经理人力资源方面的需求，如招聘员工、培训员工、激励员工、解决冲突等。

（2）促进客户化。我们这里所说的客户化中的“客户”并不是指传统意义上的客户，而是指把企业内外的每一个人都当作客户，并执行“客户至上”原则。

（3）制定各种标准。企业的人力资源管理部门为了更好地为直线职能部门服务，需要制定科学全面的职能标准，并制作成便于查阅的手册，使直线经理和员工能够更好地执行。

3．监督者角色

监督者角色要确保企业员工受到公平、稳定的待遇。一般来说，作为企业监督者角色主要应该从以下 3 个方面开展工作：

（1）严格按照相关的法律法规办事。企业的人力资源部应该熟悉当地法律，用人政策，以保证企业制定的人力资源政策、实施方法、福利项目等符合当地的法律法规。

（2）制定公平的人力资源政策，并通过严格的执行保证其权威性，一般来说企业坚持公平原则的主要表现为不因为员工的性别、国籍、种族、年龄等差异出现同工不同酬的现象。

（3）严格监督。一旦发现企业内发生不公平事件，应该立即提出警告，并及时告知相关经理，公平解决。

4．创新者角色

创新者角色肩负的主要职责是确定和开发新的实践、新的方法来管理员工。

激烈的国际竞争、能源保护、复杂的经济和政治环境使当今社会充满了不可预知变数，因此创新不再是企业的一种奢侈品，而是一种必备物。

创新者角色主要表现在 3 个方面：

（1）善于学习。只有充满活力，具有创新精神的人力资源部才能为企业挑选最具活力的人才，因此人力资源管理部必须要善于学习，这样才能不断地吸收新的信息、新的观念、新的知识、新的技术。

（2）勇于探索。人力资源部应该以企业战略目标为动力和原则，在前进的过程中探索和尝试利用不同的方法来解决人力资源开发与管理中的问题。

（3）鼓励员工创新。人力资源部应该帮助企业建立创新的文化，鼓励员工为实现企业的目标发挥自己的聪明才智。

5．适应者角色

适应者角色的主要职责是引导企业的变化，并保持企业的灵活性和适应性。

在复杂的市场环境中，企业为了赢得严酷的竞争，有时候需要利用新的技术、采用新结构。因此，从这一角度来看企业人力资源部适应者的角色则更具有未来性。

二、未来人力资源部的组成特点

就目前的发展情况来看，未来企业的市场竞争将会更加的激烈，人才对于企业的战略意义也越来越重要，如何提高企业高端人才的聚合能力是人力资源管理部们未来工作的重点。从这个基本需求出发，未来人力资源部的组成可能会呈现以下一些特点。

1．高层管理人员领衔

目前许多企业都已经设立了人力资源副总裁这一行政职位，并将人力资源开发与管理分开进行。就目前来看，人力资源部经理跻身高层管理人员的数量和比例呈现出上升的趋势，并且随着时间的推移这种趋势将越来越明显。

2．优秀人才加盟人力资源部

目前我们不得不面对这样一种尴尬的现状。人力资源部工作人员的工资待遇水平不高，造成了人力资源管理部的优秀人才缺失。为了把好企业人才引进这一关，应该提高人力资源管理部门工作人员的薪酬水平，这样必然会吸引一批精英加盟人力资源部。由这些优秀人才组成的人力资源部，精练能干、效率高的特点，使他们必将在企业的人力资源管理工作中大放异彩。

3．预算明显提高

实践不止一次证明了投资在人力资源方面投资的高回报率，这也为未来的企业的人力资源管理部门的发展提供了良好的基础。可以预测，未来人力资源部的预算必然会比现在高，这样就会形成一种良性的循环运作：增加预算——吸引优秀人才——企业发展——追加投资。

参 考 文 献

[1] 赵曼．社会保障制度结构与运行分析[M]．北京：中国计划出版社，1997．

[2] 李忠民．人力资本：一个理论框架及其对中国一些问题的解释[M]．北京：经济科学出版社，1999．

[3] 余凯成，程文文，陈维政．人力资源管理：工商管理硕士（MBA）系列教材[M]．3 版．大连：大连理工大学出版社，1999．

[4] 胡君辰，郑绍濂．人力资源开发与管理[M]．上海：复旦大学出版社，1999．

[5] 冯子标．人力资本运营论[M]．北京：经济科学出版社，2000．

[6] 王与君．中国经济国际竞争力[M]．南昌：江西人民出版社，2000．

[7] 胡静林．人力资本与企业制度创新[M]．北京：经济科学出版社，2001．

[8] 陈佳贵，杜莹芬，黄群慧，等．国有企业经营者的激励与约束：理论、实证与政策[M]．北京：经济管理出版社，2001．

[9] 周三多．战略管理思想史[M]．上海：复旦大学出版社，2002．

[10] 王方华．企业战略管理[M]．上海：复旦大学出版社，2002．

[11] 陈勇鸣．培育企业人力资源竞争力[M]．北京：中共中央党校出版社，2003．

[12] 企业管理研究会．企业核心竞争力问题研究[M]．北京：中国财政经济出版社，2003．

[13] 陈德铭，周三多．中小企业竞争力研究[M]．南京：南京大学出版社，2003．

[14] 钮先钟．战略研究[M]．桂林：广西师范大学出版社，2003．

[15] 杜慕群．企业核心竞争力：理论、实证与案例：以 IT 制造业企业为例[M]．北京：经济科学出版社，2004．

[16] 肖霞．企业人力资源管理现代化研究[M]．北京：经济管理出版社，2006．

[17] 张一青，孙春晓．民营企业文化与竞争力[M]．北京：经济科学出版社，2006．

[18] 金碚．竞争力经济学[M]．广州：广东经济出版社，2006．

[19] 李中斌. 企业人力资源竞争力研究[M]. 成都：电子科技大学出版社，2014.
[20] 赵曙明，沈群红. 论企业人力资源管理评估的功能与方法[J]. 生产力研究，1998（6）：108-112.
[21] 方志梅，叶飞帆，胡海燕. 中小企业敏捷性及其评价体系研究[J]. 工业工程与管理，2000（4）：40-44.
[22] 赵曙明. 人力资源与核心竞争力关系论[J]. 现代经济探讨，2002（12）：16-19，73.
[23] 夏清华. 从资源到能力：竞争优势战略的一个理论综述[J]. 管理世界，2002（4）：44-45.
[24] 陈凌，郭维维. 企业培训成熟度（OTM）的度量[J]. 人力资源开发，2002（12）：49-51.
[25] 龚承刚，李燕萍. 企业人力资源竞争力测度指标体系的研究[J]. 中南财经政法大学学报，2003（5）：107-112.
[26] 刘秀华. 人力资源竞争力的指标评价[J]. 企业改革与管理，2003（12）：38-39.
[27] 邬爱其，贾生华. 产业演进与企业成长模式适应性调整[J]. 外国经济与管理，2003（4）：15-20.
[28] 吴继红，陈维政，吴玲. 基于P—CMM的人力资源管理系统评价方法[J]. 四川大学学报（哲学社会科学版），2003（3）：45-50.
[29] 戚永红，宝贡敏. 企业成长阶段及其划分标准：一个评论性回顾[J]. 商业研究，2004（4）：31-32.
[30] 程德俊，赵曙明. 资源基础理论视角下的战略人力资源管理[J]. 科研管理，2004（9）：52-59.
[31] 田力军. 企业不同发展阶段的人力资源管理设计[J]. 变革与战略，2005（3）：121-133.